SPRACHPHILOSOPHIE DER GEGENWART

HERMANN WEIN

SPRACHPHILOSOPHIE DER GEGENWART

EINE EINFÜHRUNG IN DIE EUROPÄISCHE UND AMERIKANISCHE SPRACHPHILOSOPHIE DES 20. JAHRHUNDERTS

DEN HAAG / MARTINUS NIJHOFF / 1963

VORWORT

Die folgende Darstellung geht davon aus: 1) so sehr die
Sprache der Dichtung ein ernst zu nehmendes Problem der
Sprachphilosophie ist, so darf doch nicht umgekehrt unter
der letzteren ein Dichten und Raunen über die Sprache verstanden werden. Kants Entscheidung für prosaische, nicht
für poetische Philosophie bleibt Vorbild. Einzig und allein das
Nüchterne zählt. 2) Wenn es scheinen könnte, dass verschiedene deutsche Darstellungen der Sprachphilosophie aus den
letzten Jahren ausgerechnet auf diesem Gebiet der Philosophie dem, was *nach* den Klassikern und nicht von ihnen *her*
kommt, relativ wenig Raum und Gewicht geben, so liegt es im
Sinn dieses Buches, gerade umgekehrt zu verfahren. 3) Ein
Verhältnis befremdlich und betrüblich geringer gegenseitiger
Berücksichtigung zwischen deutschsprachiger Literatur über
Sprache und der ins riesenhafte angewachsenen nichtdeutschen Literatur darüber ruft nach Abhilfe. Es werden im folgenden die *Brücken* zwischen deutschsprachigen und in der
nichtdeutschen westlichen Welt dominanten Darstellungen
bevorzugt gewürdigt. 4) Die Abgrenzung der Schrift gegen
Logistik und Informationstheorie, die sich als selbständige
Gebiete mit eigenen Methoden konstituiert haben, ist klar.
Ebenso, dass umfassende Philosophien des zwanzigsten Jahrhunderts – wie diejenigen Husserls, Whiteheads, Moores,
Russells, Croces, Heideggers, Jaspers', Nicolai Hartmanns, –
in ihrer Ganzheit an anderer Stelle zu behandeln sind, mögen
sie auch gleichzeitig spezifische Quellen der Sprach-Philosophie unseres Jahrhunderts sein. Auch grosse Standard- und
Übersichtswerke mussten in die Bibliographie verwiesen
werden – wie Otto Jespersen, *Language, its Nature, Development and Origine*, 1922; Karl Bühler, *Sprachtheorie*, 1934;
Ludwig Klages, *Die Sprache als Quell der Seelenkunde*, 1947;

Friedrich Kainz, *Psychologie der Sprache*, 1941–1956. Nun bedürfen diese Werke a) wahrlich keiner Hervorhebung mehr: Jeder, der sich heute über Sprache umfassend orientieren will, wird wissen, dass er zu ihnen greifen muss; b) in welchem Grade auch immer die genannten Autoren positiv zum Begriff der *Philosophie* der Sprache stehen – der Begriff, unter dem sie ihr Werk verstehen (Sprachwissenschaft bzw. Seelenkunde bzw. Sprachpsychologie) ist nicht identisch mit dem vorgenannten.

Verf. hatte 1952 Fühlung mit dem 1951–52 an der Universität von Michigan abgehaltenen Symposion von Philosophen, Sprachwissenschaftlern, Kulturanthropologen etc., das seinen Niederschlag gefunden hat in der allgemein verständlichen Darstellung: *Language, Thought, and Culture*, herausgeg. von Paul Henle, 1958. – Für das subjektive Dafürhalten: 1) dass das Werk Wittgensteins das im klarsten Sinn *philosophische* innerhalb der unübersehbar über die Grenzen vieler Disziplinen hinüberflutenden heutigen Literatur über die allgemeine Sprachproblematik sei; und 2) dass es nützlicher sei, doch einigermassen gründlich über weniges, als gänzlich oberflächlich über vieles zu berichten, muss Verf. sich der Kritik stellen, die beide Entscheidungen zweifellos und nicht ohne Grund finden werden.[1]

---

[1] Die Übersetzungen aus dem Englischen und Französischen sind ganz überwiegend vom Verf. besorgt worden.

INHALTSVERZEICHNIS

"Die Hauptquellen von Gegebenheit sind – in
Bezug auf die ganze Weite menschlicher Erfahrung – Sprache, Sozialinstitutionen und Handlung, worin die Verquickung von allen dreien
miteingeschlossen ist, das heisst: Sprache, die
Handlung und Sozialinstitutionen erschliesst.
Sprache liefert Gegebenheit in drei Kapiteln:
Das eine über Wortbedeutungen, das andere
über Bedeutungen, die in grammatischen Formen enthalten sind und das dritte über Bedeutungen, die über einzelne Wörter und über grammatische Formen hinausliegen, – Bedeutungen,
die in wunderbarer Weise in grosser Dichtung
offenbart werden. Sprache ist unvollständig und
bruchstückhaft ... Aber alle Menschen er-
freuen sich des Aufleuchtens von Erkenntnissen,
die über die schon in Etymologie und Grammatik festgelegten Bedeutungen hinausreichen.
Von daher erklärt sich die Rolle der Dichtung,
die Rolle der Einzelwissenschaften und die Rolle
der Philosophie: Alle drei befassen sich, in je
verschiedener Weise, mit dem Auffinden sprachlichen Ausdrucks für das bis dahin noch Unaus-
gedrückte."
"... philosophy redesigns language in the same
way as, in a physical science, pre-existing
appliances are redesigned."

A. N. WHITEHEAD (1861–1947)

KAPITEL I

PHILOSOPHIE DER NATÜRLICHEN SPRACHEN AUF DER BASIS EINER ZEICHEN- BZW. SYMBOLLEHRE

A. ALLGEMEINE LINGUISTIK UND SEMEOLOGIE

Es lässt sich heute schwer sagen wo "Sprachphilosophie" anfängt und wo sie aufhört. Die Gründe liegen erstens in der verwaschenen und wechselnden Grenzziehung zwischen "Sprachwissenschaft," "Sprachpsychologie," "Sprachkritik," "Sprachphilosophie"; zweitens in der weitgehenden Unklarheit und Uneinheitlichkeit in der Stellungnahme gerade derjenigen Werke, die sich "Sprachtheorie" nennen zu der Frage, ob sie eine von Sprachtheorie unterschiedene! "Sprachphilosophie" gelten lassen oder nicht, ob sie Sprachtheorie der Sprachphilosophie unter= oder über= oder beiordnen möchten. [1]

Wie immer man die Namen wählt, zu einer prinzipiellen, philosophischen Neuorientierung über das Problem der menschlichen Sprache haben im 20. Jahrhundert ganz neue Studien des soziologischen und kultur-anthropologischen Fundaments der natürlichen Sprachen geführt. Sie ergaben sich durch die Beiziehung von Methoden der Ethnologie, ferner einer über den europäischen Raum hinausgehenden *Sprachvergleichung* und schliesslich einer allgemeinen *Zeichen-* und *Symboltheorie*.

Zu dem Neuartigen an der Sprachphilosophie unseres Jahrhunderts gehört, was sich in dem Spannungsfeld *zwischen* einer mit empirischer Sprachwissenschaft kooperierenden und einer "reinen" Sprachphilosophie befindet.

Einerseits sind durch eine deutlich von der Tradition abweichende *Zielsetzung* Revisionen der Sprachphilosophie früherer Zeit angeregt und eingeleitet worden. Dies wird deutlich an den grundlegenden Werken des Schweizers De Saussure

---

[1] Umfassend wird dies beleuchtet in der gründlichen Studie von Friedrich Kainz: "Die Sprachtheorie als Verbindung von Geistes- und Naturwissenschaft", in: *Studium Generale*, 11/5, 1958.

und der Engländer Ogden und Richards. Diese führen andererseits die fruchtbare *Zusammenarbeit* des philosophischen und des erfahrungswissenschaftlichen Studiums der Sprachphänomene exemplarisch vor. Zu erwähnen ist hier sogleich Ernst Cassirer, der noch in der Neukantischen Tradition stand; und ferner der amerikanische Philosoph Charles Morris, der unter dem Einfluss des nach Amerika verpflanzten Wiener Neopositivismus, andererseits aber des Sozialpsychologen in Chicago, George Herbert Mead, stand, – wenn er auch heute längst eigene Wege geht! Cassirers grosses Werk, die dreibändige *Philosophie der symbolischen Formen*, I. Band: *Die Sprache*, und *Signs, language and behavior* von Morris stehen sich freilich in einem ausserordentlichen inhaltlichen und methodischen Abstand gegenüber. Jedoch ergibt sich eine Berührung in der Rückbeziehung der Sprache auf kulturelle und soziale – Morris sagt "pragmatische" – Verhältnisse. Die gleiche Rückbeziehung war schon bei de Saussure Programm. Cassirer fasste auf der letzten Station seiner Emigration seine Gedanken in dem *Essay on Man* zusammen. Den Cassirerschen Gedanken wurde dadurch ein erstaunlicher Einfluss auf Symbol- und Zeichentheorien in Amerika eröffnet. Von der Fruchtbarkeit des Zusammenbringens philosophischer Überlegungen und anthropologischen Erfahrungswissens legt der starke Erfolg des Werks der Cassirer- und Whitehead-Schülerin Susanne Langer *Philosophy in a new key* beredtes Zeugnis ab. In vergleichbar erfolgreicher Art hat in Deutschland Johann Leo Weisgerber Sprachforschung mit weitreichender kulturphilosophischer Thematik verknüpft, die bei ihm aber auf die europäische Tradition der Sprachphilosophie von Wilhelm von Humboldt her bezogen ist.

Ursprünglich weder von der Sprachwissenschaft noch von der Philosophie herkommende Forscher wie Franz Boas und Edward Sapir und der Polnisch-Amerikaner Bronislaw Malinowski haben die neue amerikanische Schule vergleichender Sprachstudien angeregt. Ihr Prinzip ist die enge Verbindung von linguistischer und ethnologischer Forschung. Gewicht wurde auf die Konfrontation der schon gründlich erforschten Sprachen mit solchen gänzlich anderer Familien aus dem Raum amerikanischer Indianer-Völker und der Südseevölker gelegt. Wilhelm von Humboldt war ja darin mit seinem Studium der Kawi-Sprache vorangegangen. Der geniale amerikanische Autodidakt Benjamin Lee Whorf zog aus dieser radikalisierten Sprachvergleichung Konsequenzen, die in europäischer Terminologie philosophische genannt werden müssen. Bis zum Subjekt-Objektschema, zur "Verräumlichung der Zeit" und zu anderem von gleicher Grundsätzlichkeit sind die von Whorf so genannten *"metalinguistischen Studien"* vorgestossen.

In Europa hatte die Idee einer *"Sprachkritik"* als der grundlegenden Aufgabe der Philosophie bereits vor dem 1. Weltkrieg die grossen Werke Fritz Mauthners: *Kritik der Sprache* und *Wörterbuch der Philosophie* inspiriert. Die scharfsinnigsten späteren Fortentwicklungen philosophischer Sprachkritik im Werke Bertrand Russells und Ludwig Wittgensteins, sowie bei den diesen nahestehenden Denkern, vermeiden eigentümlicher Weise jegliche *Vereinigung* von philosophischen und erfahrungswissenschaftlichen Aussagen. Mauthner hatte noch eine solche Synthese zu geben versucht, mag sie auch im Material seiner sprachgeschichtlichen Kenntnisse ebenso partiell überholt sein wie das kulturanthropologische Material Ernst Cassirers. Bei Wittgenstein sowohl wie in der heute vor allem von Oxford ausstrahlenden philosophischen Richtung, die sich "linguistische Analyse" oder "analytische Philosophie" nennt, zeigt sich einerseits noch der Mauthnersche Gedanke der Reduktion von Philosophie schlechthin auf Sprachkritik; andererseits zeigt sich die positivistische Voraussetzung von der Unvereinbarkeit "reiner" Philosophie und empirischer Wissenschaft (science). –

Erstaunlich Vieles von der heute in Amerika u.a. unter dem (von Charles Morris wiedererneuerten) Namen "Semiotik" (Zeichenlehre) gepflegten Sprachbetrachtung findet sich schon im *Cours de linguistique générale* von Ferdinand de Saussure, von seinen Schülern erstmalig 1916 im Druck veröffentlicht.

Klassisch geworden und für alles heutige Denken über Sprache grundlegend ist erstens de Saussures prinzipielle Unterscheidung der Wissenschaft von der *Sprache* und der Wissenschaft vom *Sprechen;* zweitens zur Natur der sprachlichen Zeichen die Grundbestimmungen: Willkürlichkeit der Sprachzeichen gegenüber dem Bezeichneten, Verbindlichkeit der Zeichen gegenüber den Zeichenbenützern. Mit diesen Kategorien, die de Saussures Werk durchziehen, ergeben sich zwei Perspektiven, die seiner *Allgemeinen Linguistik* sowohl erstaunliche Modernität wie unbezweifelbare philosophische Relevanz sichern:

(*a*) Die Einbettung der Wissenschaft von der Sprache in eine allgemeine Lehre von der sozialen Zeichenfunktion;

(*b*) die Revision eines Grundschemas der Sprachphilosophie von sehr alter Tradition, das John Locke im III. Buch: "Of words" seines *Essay concerning human understanding* verwendet; danach sind Wörter Zeichen für Vorstellungen im Bewusstsein (ideas in the mind); die Vorstellungen aber sind Zeichen für Gegenstände, Ereignisse usf. der Welt ausserhalb des Bewusstseins, die mit den Wörtern "gemeint" sind.

Zu (*a*): De Saussure gliedert die Geschichte des Wissens von den Sprachphänomenen in drei grosse Phasen: Uralt ist die Wissenschaft der Grammatik. Auch alten Ursprungs, aber doch erst in der späteren Neuzeit zu Bedeutung gelangt ist die Philologie, die auf *Geschichte* der Sprache, der Literatur, der Texte ausgerichtet ist. Die dritte Periode wird eröffnet mit der Sprachvergleichung, die de Saussure mit Franz Bopps Werk von 1816 *Konjugationssystem der Sankritsprache* beginnen lässt. Daneben stellt er Jacob Grimms *Deutsche Grammatik*, dann die Studien zur Vergleichung der romanischen und germanischen Sprachen, ferner des Amerikaners Whitney *The Life and Growth of Language* und die Schule der "Junggrammatiker." De Saussures neue Position wird durch zwei Unterscheidungen markiert: Er unterscheidet Linguistik von Philologie und er unterscheidet die Wissenschaft von der Sprache von der Wissenschaft vom Sprechen. In den zur Zeit vorwiegend gebrauchten Termini wäre die letztere Unterscheidung folgendermassen auszudrücken: Der Sprechverkehr der Individuen, das heisst durch Sprechakte von Individuen übermittelte *Informationen* (*messages*) sind zu unterscheiden von dem *Code, nach* welchem die Individuen innerhalb einer Sprachgemeinschaft ihre "messages" erstellen. De Saussures Begriffspaar ist: *la parole,* das heisst das Sprechen, die gesprochene Sprache; *la langue*, das heisst das System der Sprache.

Gegenüber den individuellen Sprechakten ist "la langue" das soziale Phänomen. Das heisst, sie ist in der Sprachgemeinschaft deren individuellen Mitgliedern vorgegeben. Es ist unsinnig, sich vorzustellen, es sei je irgendwann eine Art Kontrakt zwischen Individuen geschlossen worden, des Inhalts, dass diese oder jene Laute diese oder jene Sachen bedeuten sollen. De Saussure erklärt, keine Gesellschaft habe Sprache je anders gekannt denn als ein von den früheren Generationen Überkommenes: "Daher ist die Frage nach dem Ursprung der Sprache nicht so wichtig, wie man im allgemeinen annimmt. Diese Frage sollte man überhaupt garnicht stellen; das einzig wahre Objekt der Sprachwissenschaft ist das normale und regelmässige Leben eines schon vorhandenen Idioms." Dementsprechend muss jedes Individuum auch seine Muttersprache erlernen. Die toten Sprachen sind ein weiteres Faktum, an dem sich die Trennbarkeit von Sprache und Sprechen deutlich zeigt. Von der Lauterzeugung durch Muskelbewegungen wissen wir normalerweise nichts Genaues. Was uns im Gegensatz zu diesem ganzen operativen Reich des menschlichen Sprechens deutlich bewusst ist, sind eben Einheiten der Sprache, nicht Einheiten der Sprechakte, die sich nur teilweise den Spezialwissenschaftlern auf physiologischem, phonologischem und psychologischem Gebiet entschleiert haben. De Saussure meint, die Lautgebung der Sprachzeichen habe so wenig mit der Sprache ("la langue") zu tun wie die elektrische Apparatur der Telegraphie mit der Morse-Zeichenschrift, — der Sprache, *in* der telegraphiert wird.

So kommt de Saussure zu der Schlussfolgerung: die "Linguistik" könne nicht nur der Wissenschaft von den individuellen Sprechakten (parole) entraten, sondern sei überhaupt nur möglich, wenn sie nicht mit dieser vermengt werde. Selbstverständlich seien die beiden Wissenschaftsbereiche in der Sache miteinander verbunden. Für die Erforschung aber handle es sich um zwei Wege, die man nicht beide zur gleichen Zeit beschreiten könne.

Selbstverständlich ist ja in der Tat, dass "parole" und "langue" gegenseitig voneinander abhängig sind. "La parole" ist zugleich Instrument und Produkt von "la langue." Ohne jene wären andererseits Sprachentwicklung und Sprachgeschichte unerklärlich. Und doch handelt es sich um zwei ganz verschiedene Aspekte. –

De Saussures Gegenüberstellung von "la parole" und "la langue" hat sich, in anderen Termini, in den verzweigten Schulen des heutigen Sprachdenkens erhalten. Bei Charles Morris und Rudolf Carnap stehen sich gegenüber "pragmatischer" Aspekt und "semantisch-syntaktischer" Aspekt, bei den Informations-Theoretikern "message" und "code," bei Whorf "verbal behavior" und "patternment-aspect." Bei Wittgenstein findet sich die Trennung der beiden Aspekte nur indirekt ausgesprochen: Das Spielen von Schachpartien bezw. Lösen von Schachproblemen, oder die einzelnen Züge, die mit Figuren getan werden einerseits – und das Regelsystem des Schach andererseits. Das in der Sprache qua "langue" stekkende Ordnungssystem (das nicht mit den zur Spracherlernung geschaffenen Klassifikationen "Grammatik" und "Syntax" im üblichen Sinn erschöpft ist!) hatten schon de Saussure und Mauthner mit dem Schachspiel verglichen.

Die Sprache als la langue *ist* System. Sie ist *Zeichen*-System und gehört zur Familie anderer sozial bedeutsamer Zeichensysteme. De Saussure nennt die Schrift, das Taubstummenalphabet, symbolische Riten, Höflichkeitsformen, militärische Signale, Sitten und Bräuche, und das Wirtschafts- und Geldsystem. Diese Zeichensysteme sind im Rahmen der "Gesamtheit der menschlichen Verhältnisse" zu sehen. Das Zeichen ist seiner Natur nach sozial. Hier wird also die Einbettung der Sprachlehre in eine Zeichenlehre und der letzteren in eine Lehre vom menschlichen kollektiven Verhalten vorgebahnt. Charles Morris hat dafür in seinem *Signs, language and behavior* den antiken, von J. Locke und später von C. S. Peirce, wieder vorgeschlagenen Namen "Semiotik" neuerdings reaktiviert. De Saussure möchte die Wissenschaft, die ganz allgemein das Leben der Zeichen im Rahmen des sozialen Lebens untersuchen soll, "Semeologie" nennen. Die Sprachwissenschaft soll ein Teil dieser umgreifenden Disziplin sein.

Zu (b): Die allgemeinen Grundlagen seiner Linguistik legt

de Saussure dementsprechend mit einer Theorie des sprachlichen Zeichens.[1] Er erwägt den alttraditionellen Ansatz: Das
Sprachzeichen als Verknüpfung von Vorstellung (le signifié)
und Lautbild (le signifiant). Mit letzterem meint er ausdrücklich nichts Physikalisches-Physiologisches, sondern die psychische Vergegenwärtigung des Lautgebildes. Aber er übt
sogleich an diesem ganzen Schema eine Kritik, die bis auf das
Spätwerk Wittgensteins vorausweist. In seinen Konsequenzen aus der Kritik an diesem Schema, von dem er ausgeht,
gemahnt de Saussure geradezu an Wittgensteins spätere
Philosophical Investigations.

(α) Die Sprache ist gerade *nicht* ein blosses Beförderungs-
mittel für fertige Vorstellungen, die aus dem Bewusstsein des
einen Individuums in das des anderen übermittelt werden
sollen. Vielmehr können sich geformte Vorstellungen in einem
Bewusstsein gar nicht erst fixieren ohne die formende Funktion des Sprachzeichens. Ein zentraler Gedanke der Humboldtschen Sprachphilosophie wird damit wiederbelebt, den,
vielleicht ohne Kenntnis des Humboldtschen Werks, später

---

[1] Entgegengesetzter Meinung ist Hans Lipps (Vgl.: *Die Verbindlichkeit der
Sprache*, 2. Aufl., Frankfurt 1958): "Das Verständnis der Bedeutung, die ein Wort
als Wort hat, ersteht in eins mit dem Verständnis dessen, woraufhin und wie man
unter diesem Wort etwas angesprochen und begriffen hat". Darin, wie man etwas
"sagt," wie und wohin etwas in verschiedenen Sprachen gestellt wird, *zeigt sich
ein bei den verschiedenen Völkern verschiedenes Grundverhältnis zu den Dingen an.*
(s.u.: "Metalinguistik"). "Der Eingang in die eigentlichen Probleme einer Sprachphilosophie, d.i. die Erkenntnis des Zusammenhangs zwischen Sprache und
Begriffsbildung, ist von vornherein verbaut, wenn das Wort in den umfassenden
Zusammenhang des Zeichens oder gar des Symbols eingeordnet wird," (*op. cit.*
S. 34–35). Die *Potenz* des Wortes steht der blossen *Funktion* eines Zeichens gegenüber. – Verf. (vgl.: *Sprache und Wissenschaft*, Joachim Jungius-Gesellschaft der
Wissenschaften, Hamburg 1960) stimmt Lipps freilich darin zu, dass die *Primär*-
sprachen (Muttersprachen) prinzipiell zu unterscheiden sind von künstlichen
Zeichen-Sprachen: *Sekundär*sprachen, die nur mit Hilfe der Primärsprachen ge-
lehrt und gelernt werden können. Diese Unterscheidung ist allen im folgenden
behandelten Ansätzen vorgeordnet, die etwa zum Generalnenner haben: "... it
will be seen that language is a species of the genus 'sign'" (Bertrand Russell,
An Inquiry into Meaning and Truth, London 1940, S. 14). Dazu Lipps, *op. cit.*:
"Der Kalkül ist eine Sprache für *etwas*. Die Gemeinschaft konstituiert sich hier
in einem Verstehen, das Lesen und Entziffernkönnen ist: es ist ein Kreis von
Eingeweihten, der sich auf diese Formeln versteht. Man teilt sich nicht mit in der
'Sprache,' die ja überhaupt nicht gesprochen wird. Der Kalkül ist eine Zeichen-
schrift." Von hervorragender Bedeutsamkeit und Originalität ist im übrigen die
Behandlung des Problems der Metaphern durch Lipps: *op. cit.*, S 66 f. Hier sind
zugleich Bezüge auf Wittgensteins Meditationen festzustellen: s.u.

B. L. Whorf auf die Formeln gebracht hat: "Language shapes our ideas"; "it codifies, rigidifies, channels our experiences." In jenem alttraditionellen Schema dagegen werden *fertige* Vorstellungen vorausgesetzt, die schon *vor* den Sprachzeichen dasein und die letzteren mit "Bedeutung" versehen sollen. Nach de Saussure müssen Philosophen und Sprachforscher dagegen einwenden, dass es erst die eigentümliche Funktion der Zeichen ist, die es dem Bewusstsein ermöglicht, Vorstellungen gegeneinander abzugrenzen und überhaupt festzustellen: "... nichts ist bestimmt, ehe die Sprache in Erscheinung tritt." Damit wird zugleich das Haften der Sprachphilosophie am Problem der *Wörter* vermieden. Die Sprache – im ganzen überschaut – ist vielmehr das Gebiet der *Artikulation*. Dieser an sich alte Gedanke erweist sich als überaus fruchtbar in seiner Fortentwicklung zu de Saussures Theorie von der Sprache als *System*, in welchem dem einzelnen Sprachzeichen ein bestimmter "Stellenwert" (valeur) aus seiner Stellung *im* System erwächst; ferner in der Weiterentwicklung zu den Arbeiten von Susanne Langer, die in dem Begriff der Artikulation eine moderne Rechtfertigung findet, auch die Künste als Sprachen zu bezeichnen.[1]

(*β*) Die Frage nach der *"Bedeutung"* eines Sprachzeichens, die heute meist als das *"semantische"* Problem bezeichnet wird, steht für de Saussure neben der Frage nach der Beziehung des Sprachzeichens zu den *anderen* Zeichen derselben Sprache. Wenn wir von Wörtern ausgehen, so hängt der "Wert" jedes Wortes von dem ab, was *ausserhalb* desselben im Feld der betreffenden Sprache vorhanden ist. Sein Wert muss also in Beziehung gesetzt werden zu den Werten der anderen Wörter. Alle Sprachbestandteile bestimmen sich ihren Wert nur gegenseitig, das heisst im System. Insofern ist Sprache durch und durch *"Form."* Und insofern ist der Stellenwert des

---

[1] Vgl. S. K. Langer: "Abstraction in Science and Abstraction in Art," in: *Structure, Method and Meaning; Essays in honor of Henry M. Sheffer*, New York 1951.

Zum "System"-Begriff vgl. den "Feld"-Begriff bei J. L. Weisgerber und J. Trier: "Satzbaupläne" (Weisgerber), "The patternment-aspect of language" (B. L. Whorf). Näheres s.u.

Am wichtigsten aber ist die Herausarbeitung des Begriffs des sprachlichen "Symbolfeldes" (dem "Zeigfeld" kontrastiert) durch K. Bühler: *Sprachtheorie*, 1934.

Sprachzeichens gerade von der Bedeutung desselben zu unterscheiden. Das französische Wort für Hammel: "mouton" hat dieselbe Bedeutung wie das englische "sheep," aber es hat nicht denselben Wert, zum Beispiel deshalb, weil das englische Wort "sheep" noch ein anderes Wort "mutton" neben sich hat, das verwendet wird, wenn von einem Stück Hammelfleisch die Rede ist. Das französische Wort "mouton" dagegen hat kein zweites Glied neben sich. Wörter wie: "denken, meinen, glauben" grenzen sich wechselseitig gegeneinander ab. Nur dadurch sind sie in dem ineinander übergehenden Feld von Phänomenen und Akten, auf das sie sich beziehen, bestimmt. Sprachen, denen eines der drei Wörter fehlt, behalten notwendig Wörter für die zwei restlichen Glieder der Triade: "denken, meinen, glauben" übrig, die *keine* Übersetzungen der zu dritt das Feld gliedernden deutschen Wörter sind. Ohne diesen Feldcharakter zu berücksichtigen steht man bei der Auffassung, ein Sprachzeichen müsse gewissermassen *eingewechselt* werden können je in eine bestimmte Vorstellung, die dann seine "Bedeutung" genannt wird. Mit der Einsicht in die nicht zwischen dem einzelnen Sprachzeichen und einer ihm zugeordneten einzelnen Vorstellung spielenden, sondern im *System* der Sprachzeichen, in der Beziehung auf die Gesamtheit des in der betreffenden Sprache Aussprechbaren spielenden, Beziehung, in der sich die Stellenwerte der einzelnen Sprachzeichen wechselseitig konstituieren, verlässt de Saussure das alte Schema: Wörter als Zeichen von Vorstellungen – Vorstellungen als Zeichen von Dingen (Locke). De Saussures markanter Satz, dass die Sprache keine Nomenklatur sei, erinnert an Wittgensteins schneidende Kritik an der Überschätzung des "Aktes des Benennens" für den Ansatz des Sprachproblems. Freilich verlässt de Saussure das traditionelle, stigmatische Bedeutungsschema nicht in der Richtung auf die funktionale, pragmatische *"Verwendung,"* den *"Gebrauch,"* den *"Nutzen"* der Wörter, wie das Wittgenstein im Paragraphen 120 seiner *Philosophical Investigations* polemisch tut: "Man sagt: Es kommt nicht aufs Wort an, sondern auf seine Bedeutung; und denkt dabei an die Bedeutung, wie an eine Sache von der Art des Worts, wenn auch vom Wort verschieden. Hier das Wort, hier die Bedeutung. Das Geld und die Kuh, die man dafür kaufen kann. (Andererseits aber: Das Geld, und sein Nutzen)." [1]

Für de Saussure dagegen kommt es auf die gegenseitige Sonderung und Abgrenzung der Sprachelemente im Sprachsystem (la langue) an. Die "grammatische Tatsache" besteht immer in einer Gegenüberstellung von Gliedern des Systems. Linguistik hat es mit solchen *"Oppositionen"* zu tun, ferner mit den *Anreihungen* (*Syntagmen*) der Wörter und andererseits mit den *assoziativen Beziehungen*. Wortgruppen, Sätze Redensarten gehören nicht bloss zum Sprechen (la parole), sondern auch zur Sprache (la langue). Regelmässige "Muster," der ganze "Mechanismus" der Beziehungssysteme, bauen die Sprache als Organisation und Artikulation auf.

Alle diese Grundbegriffe sind keineswegs eine metaphysische oder antimetaphysische Hypostasierung. Sie sind vielmehr nichts anderes als Metaphern, die der Grundkonzeption von der *Sprache als Form* (*nicht* als *Substanz*) dienen. Alle diese Grundbegriffe sind, vielleicht ohne von de Saussure übernommen worden zu sein, in der neueren amerikanischen Linguistik wieder aufgetreten. Auch dort bedeutet die Rede vom "mechanism" der Sprache, die uns zunächst befremdet, alles andere als ein Bekenntnis zu einer mechanistischen Theorie. Edward Sapir, der (s.ob.) mit Franz Boas zusammen einer mit Ethnologie und Kulturanthropologie amalgamierten Sprachwissenschaft die Anregung gab, definiert Sprache als "a self-contained creative symbolic organization." De Saussures Betonung der Form-Muster, der Sprache als einer "Algebra, die nur komplexe Termini enthält," ist bei Whorf gesteigert zu der Behauptung von der tieferliegenden *"algebraischen Natur der Sprachen als pattern systems"* bzw. von der "Geometrie von Formprinzipien, die für jede Sprache charakteristisch ist."

Es ist zu beachten, dass alle die zuletzt genannten Denker von geschichtlich gewachsenen Sprachen – den sogenannten "natürlichen Sprachen" – handeln, nicht aber von konstruierten Kunstsprachen bzw. Kalkülen. Auch die den Bereichen des mathematischen Ordnungsdenkens entnommenen Be-

---

[1] Wittgenstein, *Phil. Investigations*, *op. cit.*, S. 49.

griffe sind nur Hilfskonstruktionen, um die "innere Form" (Wilhelm von Humboldt) zu begreifen. Dass mit der letzteren – was die natürlichen, das heisst in Wahrheit geschichtlichen Sprachen anbetrifft – niemals eine deduktiv konstruierbare Systematik gemeint sein kann, bedarf keiner weiteren Beteuerung. –

In der Überschau erscheint als wichtigstes Ergebnis von de Saussures Allgemeiner Sprachwissenschaft: Wenn wir – als Basis auch der *Philosophie* der Sprache – Sprechen von Sprache trennen, so ist wiederum an der letzteren zu unterscheiden die Beziehung jedes Sprachzeichens auf das mit ihm Bezeichnete ("Bedeutung") von der Beziehung der Sprachzeichen aufeinander ("Stellenwert") in dem eigentümlichen *System*, das in jeder Sprache steckt. Diese letzteren beiden Beziehungen sind einerseits gedanklich und methodisch zu trennen, andererseits aber stehen sie ebenso in Wechselwirkung miteinander wie Sprechen und Sprache in der Sprachgeschichte. Die Konstitution von *Bedeutung* im "Bedeutungs-Feld," also aus dem System, ist in Deutschland speziell durch Johann Leo Weisgerber und Jost Trier herausgearbeitet worden.

Mit einer anderen Unterscheidung hat de Saussure unmittelbarer die *Sprachwissenschaft* der Gegenwart revolutioniert als die *Sprachphilosophie*. Aber auch hier handelt es sich um zwei grundlegende Aspekte aller natürlichen Sprachen. De Saussure bringt sie auf die Ausdrücke: "Synchronie" und "Diachronie." Ersteres meint den Sprachzustand zu einer gegebenen Zeit. Wissenschaftsgegenstand sind hier die Beziehungen zwischen *gleichzeitigen* Bestandteilen der Sprachen. Im zweiten Fall handelt es sich um die Entwicklungsphase, um die Sprachevolution. Die wissenschaftliche Beschäftigung mit den Sprachen stand im 19. Jahrhundert unter dem Primat der historischen – diachronischen – Sichtweise. Die alten Grammatiker dagegen blickten auf die Sprache freilich statisch und insofern streng synchronisch. Das Beispiel der Grammatik von Port-Royal wird zitiert. Aber hier eben fehlte die Thematik der Wort-Bildung. Es überwog die Auffassung von der Grammatik als einer normativen Wissenschaft, die glaubte, Regeln verkünden zu müssen. Das *Verhältnis* der Aspekte ist somit bis de Saussure nicht eigentlich zum Gegenstand gemacht worden.

Bei de Saussures Vergleich der Sprache mit einem Baumstamm ergibt sich: Der Querschnitt des Baums ist zwar nichts anderes als eine besondere Ansicht der Längsfasern, die diesen aufgebaut haben. Aber erst der Querschnitt lässt gewisse Beziehungen zwischen den Fasern erkennen, die man auf der Längsseite *nicht* zu fassen vermöchte. Oder: Das Verhältnis der Schachfiguren zueinander in einer gegebenen Spielsituation ist ein bestimmtes System von Beziehungen. Jeder Schachzug bringt ein neues solches Beziehungssystem hervor. Eine *gleichzeitig* synchronische *und* diachronische, eine "panchronische," Sprachbetrachtung hält de Saussure für nicht realisierbar.

So ergibt sich denn im ganzen folgende Gliederung des Sprachbereichs:

Menschliche Rede ――――――――― (langage)	Sprache ――――― (langue)	Synchronie ―――――― Diachronie ――――――
	Sprechen ―――――― (parole)	

Mit den Titeln "langue" und "Synchronie" wird der Hauptakzent auf den *System*charakter der Sprachen gelegt. "System" heisst, dass in einer Mannigfaltigkeit zwischen den Elementen derselben *keine beliebigen* Beziehungen bestehen können, sondern nur solche, die mit den Systemprinzipien einstimmig sind. Andererseits besteht aber ja im Falle der Sprache das System aus Zeichen, die gegenüber den bezeichneten aussersprachlichen Gegenständen so willkürlich sind wie die Zeichen unserer Lautschrift gegenüber den Lauten, die sie bezeichnen. (Kontrast sind die Bilder-Schriften). Von dieser Beliebigkeit her könnte also die Sprache eine nicht weiter determinierte, insofern *ungeordnete* Mannigfaltigkeit sein. Eine solche wäre aber dem menschlichen Bewusstsein unübersehbar. Sie könnte vor allem nicht zu dem praktisch und sozial funktionierenden *Operieren* mit den Sprachzeichen in dem Verhältnis stehen wie *la langue* zu *la parole* steht, – oder, in einer freilich nicht gänzlich tragenden Analogie, das Schachspiel zu allen möglichen Schachpartien und Schachzügen. Genau an dieser entscheidenden Stelle springt eben die Systemeigenschaft der Sprachen ein. Sie bedeutet: *Einschränkung* der Beliebigkeit im Reich der Sprachzeichen, in einer *neuen* Dimension, die von der Dimension der Beziehung zum Bezeichneten zu unterscheiden ist; denn in der letzteren herrscht Beliebigkeit; die Ausnahme der Onomatopoetica bestätigt die Regel. Und so tritt als der philosophische Kernsatz de Saussures der folgende hervor: "Alles, was auf die Sprache als *System* Bezug hat, muss meiner Überzeugung nach von diesem Gesichtspunkt aus behandelt werden, um den die Sprachforscher sich fast gar nicht kümmern: Die Einschränkung der Beliebigkeit." Es dreht sich darum, *wie* die Beliebigkeit des – dem *Bezeichneten* gegenüber – in der Tat beliebigen Sprach-Zeichens eingeschränkt wird.

B. NEOPOSITIVISTISCHE SYMBOLWISSENSCHAFT

(The Meaning of meaning. A Study of the Influence of Language upon Thought and of the Science of Symbolism)

(1) Die zugrundeliegende Auffassung vom Zeichen bzw. Symbol

Verglichen mit dem ausserordentlichen, Schule machenden Einfluss, den dieses Werk der beiden Engländer Ogden und Richards seit seinem ersten Erscheinen 1923 in der englisch sprechenden Welt ausübt, ist seine relativ geringe Beachtung im deutschsprachigen Raum befremdlich, zumal es seinerseits mehr auf deutschsprachige Literatur eingeht, als dies sonst bei englisch geschriebenen Werken der Gegenwart der Fall zu sein pflegt. Mit seiner Nahestellung zur neopositivistischen Bewegung in ihrer – vom heutigen Stand her gesehen – eher gestrigen Phase ist das Buch keineswegs abgetan. Es hat vielmehr Wichtiges beigetragen zu dem hochbedeutsamen Prozess der Selbsttranszendierung des dogmatischen Positivismus. Auch dies ist ein Prozess, der auf dem europäischen Kontinent zu wenig Beachtung findet. Er ist gegenwärtig noch voll in Bewegung. Nicht ein Zurückbiegen zur alten Metaphysik dürfte das Ziel der sich selbst transzendierenden dogmatischen Antimetaphysik der Positivisten der zwanziger Jahre sein.

The Meaning of Meaning hat ferner zweifellos die Atmosphäre mitgeschaffen, in der zwei bedeutsame Ereignisse möglich wurden:

(1) das Fruchtbarwerden für die Sprachphilosophie einer allgemeinen Zeichen- bzw. Symbolwissenschaft nach den Anregungen einerseits der Charles Morris'schen "Semiotik," andererseits der Ernst Cassirerschen *Philosophie der symbolischen Formen*; diese ist mit *The Meaning of Meaning* gleichzeitig, aber erst von Cassirers letzter Emigrationsstation – der Yale Universität – aus und in ihrer Zusammenfassung in Cassirers *Essay on Man* im Westen fruchtbar geworden;

(2) der bemerkenswerte Weg von Wittgensteins *Tractatus Logico-Philosophicus* von 1921 (vollendet 1918 in Wien) zu seinem Spätwerk, den *Philosophical Investigations* (posthum veröffentlicht 1953), in denen eine überraschend pragmatistische oder doch instrumentalistische Sprachauffassung die logischen Kriterien und Ambitionen des ersteren Werkes seltsam widerruft.

C. K. Ogden hat durch die Entwicklung des "Basic English" später auf praktischen Gebieten gewirkt. I. A. Richards, der nun schon lange an der Harvard Universität lehrt, hat seine in *The Meaning of Meaning* erst umrissene Lehre vom "emotive meaning" in späteren Schriften ausgebaut, verteidigt und verfeinert. –

Der Titel The Meaning of Meaning stellt keine Geistreichelei dar. Aber es steckt eine Ambivalenz in ihm wie in dem Titel *Kritik der reinen Vernunft*. Die Hauptsache nennt der Titel nicht. Die Theorie von Sinn und Bedeutung (meaning) ist abhängig von der Theorie des Zeichens. Zeichen-Theorie ist die Grundlagenwissenschaft für die Analyse von Symbolbedeutungen. Ausgangspunkt des Buchs ist eine grundsätzliche Attacke gegen den scheinbar ähnlichen Ansatz de Saussures. Temperament und Dogmatik positivistischer Polemik zeichnen sich in dieser Attacke ab. De Saussure – "ein Schriftsteller, der vielleicht von der Mehrzahl französischer und schweizer Gelehrter für denjenigen angesehen wird, der zum ersten Mal die Linguistik auf einen wissenschaftlichen Boden stellte" – sei in Wahrheit ein Beispiel für die "Tyrannei der Sprache über diejenigen, die vorgeben, deren Funktionieren zu erforschen." Als besonders spekulativ wird de Saussures Kategorie "la langue" angeprangert. Denn wo und wie soll eine solche Entität existieren? Was sich fassen lässt, ist immer nur das Wirken und der Gebrauch von Zeichen, sind die "Informationen (news)." De Saussures Auffassung vom Sprachzeichen war bekanntlich die folgende: Es umfasst das Lautbild (le signifiant) und die Vorstellung eines Gegenstandes (le signifié). Beides sind psychische Entitäten. Dagegen stellen die Engländer die These: Der Prozess der Interpretation – nämlich des Zeichens – sei bei de Saussure unlogischerweise in das Zeichen mit hineingenommen.

Der Begriff "Interpretation" entpuppt sich als die fruchtbare Grundkategorie von *The Meaning of Meaning*. Das nächste Grundlegende ist die Unterscheidung von Gedanken, Wörtern und Dingen (thoughts, words and things) und die Einbettung von allen dreien in einen grösseren Zusammenhang. (Das letztere hatte aber ja gerade de Saussure mit seinem freilich nicht ausgeführten Programm der "Semeologie" angeregt!) Für die Engländer ist die "Symbolwissenschaft (science of symbolism)" die Untersuchung der Rolle sprachlicher Symbole, sowie von Symbolen *aller* Art, "in human affairs (in menschlichen Angelegenheiten)." Im Zentrum stehen die Spezialprobleme: Der Einfluss der Symbole auf das Denken; die Art und Weise, in welcher Symbole uns beim Nachdenken über Gegenstände Hilfe und Widerstand leisten. Die Beziehung auf menschliches *Verhalten* (behavior), die nachher im amerikanischen Raum, vor allem von der Semiotik im Sinne von Charles Morris ausgehend, zum Rahmenbegriff für das mit der sprachlichen Zeichenwirkung in Wechselwirkung stehende aussersprachliche sozio-kulturelle Leben wird, tritt bei den Engländern nur erst abstrakt hervor. Die der Sache nach grundlegende Aussage aber wird gemacht: Symbole dirigieren und organisieren, speichern und übermitteln. *Was* sie in dieser Form beeinflussen, wird von Ogden und Richards in psychologischer Weise "Denken" genannt. Aber an diesem Denken interessiert wiederum nur – im Zusammenhang mit dem Sprach- und Symbolthema – die Beziehung auf dasjenige, *woran* gedacht wird. Damit stehen wir vor einem der charakteristischen Begriffe, den die Ausstrahlung des *Meaning of Meaning* in die gesamte heutige anglo-amerikanische Literatur (nicht nur in die sprachphilosophische) getragen hat. Es ist der Begriff "reference." Dieser Begriff ersetzt den Begriff "Denken" oder "Gedanken" in Hinsicht der Symbolleistung. "Reference" bedeutet "auf ein bestimmtes Ding ausgerichtet werden (that peculiar character of being directed towards one thing rather than another)." Für den *Gegenstand* dieses Gerichtetseins wird – zur Vermeidung der ontologischen und realistischen Implikationen von "Ding" – das Kunstwort "referent" eingeführt. Die Verfasser berufen sich dabei an einer Stelle auf Alfred North Whiteheads naturphilosophische Schrift *The concept of nature*.

Diese Lehre von reference und referent wird nun für die Zeichen- und Symbol-Wissenschaft konstitutiv. Alles Denken ist Interpretation von Zeichen. Die "Interpretation" eines Zeichens ist unsere Reaktion auf es, unser Ausgerichtetwerden in bestimmter Richtung. In der optimistischen Stimmung des neopositivistischen Aufbruchs zu einer "wissenschaftlichen Philosophie" wird der Hoffnung Ausdruck verliehen, die "Psychologie des Denkens" lasse sich auf diese Weise: (1) auf das Niveau einer induktiven Wissenschaft erheben; und (2) vom Ballast des Problems der Wahrheit befreien. Mit dem letzteren ist vor allem gemeint: Die "mystischen Beziehungen" zwischen dem Erkennenden und dem Erkannten fallen hinweg; Erkenntnis soll als eine "kausale Angelegenheit, die gewöhnlicher wissenschaftlicher Untersuchung offen ist," erfasst werden und auf diese Weise dem Kriterium von "common-sense inquirers" entsprechen. Diese "Denkpsychologie" als "induktive Wissenschaft" zeigt nicht nur die immer noch ganz von der deterministischen, also vor-Bohrschen Physik durchdrungene Entstehungszeit des Buchs, die auch Rudolf Carnaps "Physikalismus" hervorbrachte, sondern sie zeigt auch eine Psychologie in der Tradition von David Hume bis zur behavioristischen Schule: Unsere "Interpretation" von Zeichen und Symbolen wird bestimmt durch unsere vergangenen Erfahrungen in ähnlichen Situationen und durch unsere gegenwärtigen Erfahrungen. "Erfahrung" heisst letztlich Beobachtung in Gestalt von Sinneswahrnehmungen.

Die Lehre vom "indirekten Reflex" gibt das Schema her.

Pawlows Hund reagierte auf ein Klingelzeichen, das frühere Fütterungen begleitet hatte, mit Absonderung von Magensekret. Wiederholte Erfahrungen des Verbundenseins von Zeichen mit Bezeichnetem führen beim *gegenwärtigen* Auftauchen *eines* Gliedes dieses Zusammenhangs zu den – eben jenem in der Vergangenheit erfahrenen Zusammenhang entsprechenden — "Erwartungen (expectations)" der *übrigen* Glieder des Zusammenhangs. Der Grundriss der "context theory of references" ist damit skizziert. Das Schema ist wirklich nicht viel mehr als eine Neufassung einer wenig neuen und überzeugenden Psychologie:

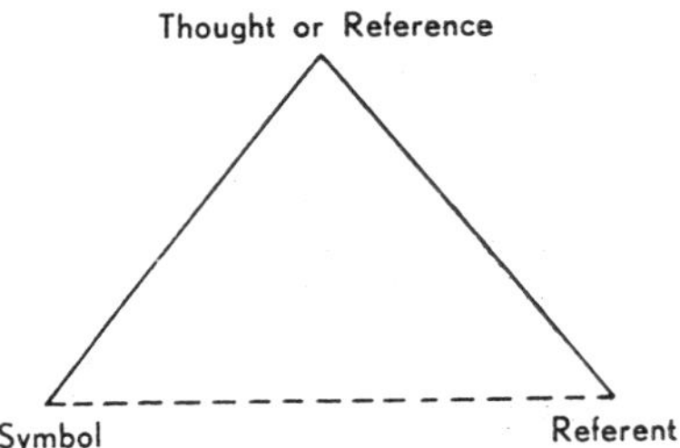

Die eigentliche Pointe dieser Schematisierung besteht in folgendem: Die *direkte* Beziehung zwischen Symbol und Referent ist eben die "mystische Beziehung", über die sich (positivistisch) *nichts* ausmachen lässt. Hier würde das Wahrheitsproblem der philosophia perennis anstehen. Aber die Symbolwissenschaft hält sich *statt dessen* an den Weg *vom Symbol über die Reference zum Referent.* Grundthese ist, dass die Beziehung zwischen Zeichen (beziehungsweise Symbolen) und dem Bezeichneten *nur* eine "*in*direkte" ist. Sie besteht darin, dass Zeichen und Symbole von dem sie Verstehenden (Interpretierenden) *benützt* werden ("used") als Hinlenkungen seines "Denkens" aufs Bezeichnete. Damit soll die direkte Beziehung zwischen dem Zeichen einerseits und dem bezeichneten Gegenstand andererseits als eine bloss dem ersteren "*zugesprochene,* im Kontrast zu einer realen Beziehung (imputed, as opposed to a real relation)" gekennzeichnet werden.

Das verrät die tiefere Absicht dieser "*symbolwissenschaftlichen*" *Sprachtheorie*:

Die Beziehung auf die alles ankommt, fällt *nicht* – wie in der

Tradition der (nicht-englischen) Philosophie – unter die Zuständigkeit der Erkenntnistheorie oder gar der Ontologie. Sie wird vielmehr *der Jurisdiktion der Philosophie entzogen* und derjenigen einer *"Wissenschaft* (science)" *unterstellt.* Statt des bisherigen philosophischen Hintergrunds der Kategorie "Bedeutung (meaning)" – der Zeichen und Symbole und der Sprache – bleibt es bei dem Vordergrund einer verfolgbaren Wirkung im menschlichen Verhalten. Dies ist im Diagramm dadurch ausgedrückt, dass von dem Dreieck die Basislinie sozusagen "einbehalten" wird. Das dürfte eine ebenso "vorbildlich" positivistische "Lösung" des (unlösbaren) Problems der *Wahrheits*relation sein wie die Wegeskamotierung des Problems des *Schönen* auf der Linie: Schön ist, was gefällt.

Die Kategorie "Verhalten" tritt freilich erst später, im Raum des amerikanischen Neu-Pragmatismus, ausdrücklich an *die Stelle* der "mystischen Beziehung." Bei Ogden und Richards heisst die Klammer des Ganzen ja "thought (Denken)."

Dass das noch ein philosophischer "Restbestand" sei und dass da vor-behavioristische Psychologie hereinrede – das wäre zu *wenig* gesagt. Mit dem Blick auf die geistesgeschichtliche Umgebung des *Meaning of Meaning* ist festzustellen: Das Stichwort "thought" besagt – qua Theorie der *Bedeutung* –, dass die letzere mit einer gewissen Einseitigkeit auf den im Raum zwischen dem Neupositivismus des Wiener Kreises und dem Logischen Empirismus in Amerika allein haltbaren Begriff von "denken" festgelegt wird; genauer gesagt: auf dasjenige, was nach der mit *Meaning of Meaning* zeitgenössischen neopositivistischen "Erkenntnistheorie" von "Erkenntnis" übrigbleibt (und was immerhin in manchem auf der Linie der englischen empiristischen Tradition liegt). Genau wie bei den nach den USA ausgewanderten führenden Köpfen des "Wiener Kreises," wie bei Rudolf Carnap, wird wohl neben der "theoretischen" Sphäre eine "emotionale" anerkannt, die jedoch in einer deutlichen *Zwei*rangigkeit verbleibt. Das Werk über den "Sinn von Sinn" hat wohl diesen Hintersinn. Das ist zu erläutern.

"... die Art von Simplifikation, die typisch dargestellt wird durch jene einst universelle Theorie *direkter* Bedeutungsbeziehungen zwischen Wörtern und Gegenständen ist die Quelle von beinahe all den Schwierigkeiten, denen unser Denken begegnet." In einer Fussnote wird kurz der Fall erwähnt, dass das Symbol und der Gegenstand (referent), für den es steht, *doch* eine *direkte* Beziehung haben. Die onomatopoetischen Wörter, die Abbildungen, die Gesten, werden aufgeführt. Die Verfasser erklären, dass in diesen – "simplifizierten"! – *Sonder*fällen das vorstehende Dreieckschema eine *Basis*linie habe. Das heisst, in diesen und *nur* in diesen Fällen sei die Beziehung zwischen Symbol und Referent *nicht* bloss "imputed (zugesprochen)." Denn Ähnlichkeit und dergleichen lässt sich eben *direkt beobachten.* In der "normalen Situation" der Sprachzeichenverwendung sei jedoch das Dreieck *ohne* Basis. Was de Saussure zum Grundpfeiler seiner Sprachauffassung nimmt – die "Unähnlichkeit," genauer: die Willkürlichkeit, des Sprachzeichens in Bezug auf das damit Bezeichnete – tritt hier nur unter anderer Perspektive auf: Die "indirekte Beziehung (standing for . . .)" ist etwas anderes als die direkte "Darstellung" des Bezeichneten ("representing"). Die letztere spielt beim *sprachlichen* Symbol praktisch keine Rolle.

Aufs schärfste kritisieren die englischen Verfasser die Ablehnung des Begriffs "Symbol" durch de Saussure. Dieser verstand unter "Symbol" eine "natürliche" Beziehung zwischen dem Bezeichneten und dem Bezeichnenden, also einen *Gegensatz* zur Willkürlichkeit des *Sprach*zeichens. Deshalb lehnte de Saussure den Symbolbegriff für die *Sprach*theorie ab und operierte mit "Zeichen." Aus der *Monopol*stellung des vorigen Schemas erklärt sich das relative Belangloswerden einer Unterscheidung der Begriffe "Symbol" und "Zeichen" bei Ogden und Richards – ein terminologisches Ereignis, das in der einschlägigen amerikanischen Gegenwartsliteratur fast durchgehend Schule gemacht hat. –

In einem Anhang zu *Meaning of Meaning* lässt Bronislaw Malinowski aus seinem Studium der Sprachfunktion in Primitivgesellschaften dem dürren Dreieckschema mehr Fleisch und Blut zukommen, als man es *prima vista* für möglich hält.[1]

---

[1] s.u.

Als weitere Stütze von philosophischem Format für ihre Zeichentheorie führen Ogden und Richards die "semeiotic" des amerikanischen Philosophen Charles Sanders Peirce (1839–1914) an. Peirce sprach schon von "reference of symbols to their objects," die eine "general theory of signs" voraussetze.

Wörter *an sich* bedeuten nichts. Nur wenn ein denkendes Wesen Wörter verwendet *in* seinem denkenden Sich-beziehen auf Gegenstände, wächst ihnen Bedeutung (meaning) zu. Damit ist gesagt, dass die Worter Instrumente sind. Aber diesem ihrem "referential use," mit dem die kognitive Sprachfunktion gemeint ist, stehen *andere* Funktionen gegenüber, die Ogden und Richards unter den Obertitel "emotive meaning" bringen. Damit wird die folgenschwere *Zwei*teilung der Sprachphänomene in die Grundlagenlehre der Symbolwissenschaft eingebaut.

Wenn wir sprechen, so werden die Zeichen, die wir verwenden, *zum Teil* bestimmt von unserer Beziehung auf die Gegenstände, an die wir beim Sprechen denken, zum Teil aber auch durch "soziale und psychologische Faktoren." *Unmittelbar* auf die amerikanische Sprachdiskussion der *letzten* Jahre *voraus*weisende Kategorien schliessen sich hier an: Die *Absicht* (purpose), die wir mit unserer "reference" verfolgen, und die voraussichtliche *Wirkung* unserer Symbole auf andere Personen und auf unsere eigene Haltung. "Wenn wir hören, was gesagt wird, so veranlassen uns die Symbole, sowohl einen Akt der Bezugnahme auf einen Gegenstand zu vollziehen als auch eine Haltung einzunehmen, die ... mehr oder weniger ähnlich dem Akt und der Haltung des Sprechers sein werden."

Summarisch ist also nun zu sagen: Bei einer sprachlichen Aussage oder bei dem Verstehen einer solchen spielen (1) geistige Prozesse (mental prozesses), (2) Symbole, (3) Gegenstände, an die wir mit Hilfe der Symbole denken (referents), eine Rolle. Symbole aber können auch die Einstellung des Sprechers zu den Hörenden symbolisieren oder sie können als Instrumente für die Realisierung von Absichten (purposes) dienen ... Das theoretische Grundproblem der Symbolwissenschaft ist: Wie sind diese Faktoren miteinander *verbunden*? Vor dieser *Grundlagen*frage bleibt *The Meaning of Meaning* enttäuschend unoriginell (in der englischen Tradition der Anti-metaphysik: vgl. S. 47, 85, 222, bezw. auf den Schultern der Peirce'schen Zeichenlehre: vgl. Appendix D, 6). Hier liegt nicht die Stärke des Buchs. –

Es sei ein kurzer *Exkurs* eingeschaltet: Es zeigen sich zwei folgenschwere Einseitigkeiten im Ansatz dieser "symbol-wissenschaftlichen Sprachphilosophie": (1) "Eigentliche" Symbole sind *"Namen"* für Gegenstände; (2) das sich auf Gegenstände beziehende *"Denken"* bezieht sich dann auf den letzteren *direkt*, wenn wir sie *wahrnehmen*. Denken wir dagegen an Napoleon, so ist der Bezug auf das mit diesem Namen bekannte historische Individuum *vermittelt* durch eine sehr lange Kette von "Zeichensituationen," die aber *letztlich* das direkte Zeugnis (die Beobachtung) von zeitgenössischen Augenzeugen enthalten muss. Hier stehen wir also auf einem dem Empirismus und Positivismus aller Schattierungen gemeinsamen altbekannten erkenntnistheoretischen Boden. (Vgl. J. Lockes Lehre von den "Namen").

Origineller ist die Theorie der "Interpretation." Es wird unterschieden zwischen einem "wahren Symbol" und einer "adäquaten Gegenstandsbeziehung." Ein wahres Symbol ist ein solches, das eine adäquate Gegenstandsbeziehung korrekt aufzeichnet. Dies geschieht "gewöhnlicherweise" in der Form einer Aussage oder eines Satzes. Ein "falsches Symbol" ist ein solches, das in demjenigen, der es korrekt interpretiert, eine inadäquate Gegenstandsbeziehung wachruft. Es werden einander gegenübergestellt: *korrekte* und *inkorrekte Symbolisierungen* und *adäquate* und *inadäquate Gegenstandsbeziehungen* (references). Diese Unterscheidung dürfte in der Sache auf das hinauskommen, was von den erkenntnistheoretischen Kritikern der Zusammenwerfung der Begriffspaare: "Wahr-unwahr"; "richtig-unrichtig" vorgebracht wird: "Wahr" beziehe sich auf *Erkenntnis*, "richtig" auf blosses *Denken;* richtig Gedachtes brauche noch nicht wahr zu sein, wenn es nicht falsch (gleich "unrichtig gedacht") sei. Jene Zusammenwerfung wird aus der Terminologie zeitgenössischer Positivisten, Logistiker und Mathematiker abgelesen, die üblicher Weise schlechthin mit "wahr-falsch" operieren. Die Kritik am Monopol dieser Dichotomie "wahr-falsch" erfolgt freilich bei Ogden und Richards nicht im geringsten aus einer Gegenüberstellung von Erkennen und blossem Denken. Umso bemerkenswerter ist es, dass diese Kritik sich aus dem gänzlich anderen Zusammenhang ihrer Symbollehre ergibt. –

(2) Die Ogden – Richards'schen Thesen in der geistigen Situation des 20. Jahrhunderts

Ogden und Richards nehmen zum Ansatz, dass "Worte Gedanken symbolisieren." Sagen sie damit – nur in einer neuen Terminologie – dasselbe wie die antimetaphysische Tradition, wie schon John Locke, bei dem die Wörter Zeichen für Vorstellungen sind, die der Übermittlung der letzteren dienen, während die Vorstellungen ihrerseits Zeichen für Gegenstände sind? (*Essay conc. hum. understanding,* Book III: "Of words").

Zuerst ist die Erwiderung der Autoren selbst zu hören: "Was ereignet sich, wenn wir etwas urteilen oder glauben oder an etwas denken: Aus welcher Art von Entitäten besteht das Etwas? Und wie ist es bezogen auf den Bewusstseinsvorgang ("mental event"), der unser Urteilen, unser Glauben, unser Denken ist? Der traditionelle Zugang zu dieser Frage erfolgte über Introspektion und über die logische Analyse des Urteils." Von daher komme es, dass sämtliche Antworten auf die eben gestellte Frage (mit Ausnahme der von *The Meaning of Meaning* gegebenen) ein Dogma gemeinsam hätten. Dies sei das Dogma, dass die Beziehung zwischen dem Denken und dem Gegenstand des Denkens, also das, was die Verfasser "reference" nennen, eine "ganz *einzigartige* Beziehung" sei, ein "unvergleichlicher Vorgang." [1] Die Verfasser wollen diesen dogmatischen "Aberglauben" der philosophischen Bewusstseins- und Erkenntnistheorie aufklären und abbauen. Einmal bestreiten sie die *Kompetenz* der Philosophie, zum anderen die *Einheitlichkeit* jener Beziehung. Sie sehen "Symbol," "Denken" und "Gegenstand" (der letztere in jetzigen oder früheren Wahrnehmungen begründet!) einfach als assoziativ verbunden an. Diese Verbindung wird durch die *Wiederholung* entsprechender Erfahrungssituationen hergestellt. Statt "Assoziation" sagen sie "context theory of reference." Die

---

[1] Vgl. die analoge Formulierung Wittgensteins: *Philosophical Investigations,* *op. cit.,* § 95. (Auch §§ 93, 94, 96, 110)

Reduktion der Erkenntnistheorie auf Psychologie findet hier so gut statt wie bei Hume, – der die Schwächen der Lockeschen Erkenntnistheorie sah, aber ihr, statt eines Positiven, letztlich nur seine besondere Form von moderierter "Skepsis" entgegenzustellen hatte.

Das Originelle von *The Meaning of Meaning* liegt – von heute her gesehen – in einer ganz anderen Richtung: Es wurde weniger Grundlagenwerk (vergleichbar de Saussures *Linguistique générale*) als vielmehr Fundgrube für wohl sämtliche in und nach den zwanziger Jahren zu grosser internationaler Ausstrahlung gelangenden Sprachuntersuchungen. An seinem im Grund verwirrend unsystematischen Inhaltsaufbau hängt die Fülle der *Anregung*, die es zu geben vermochte, so gut wie die geringe Ergiebigkeit in eigener philosophischer Ausführung längeren Atems.

(i) Zur Frage, ob und inwieweit die Sprache gleich Information ist

Die entscheidende Betonung der Kommunikation durch Ogden und Richards hat der heutigen Auseinandersetzung um die Informationstheorie vorgearbeitet. *The Meaning of Meaning* führt zahlreiche diametral *verschiedene* Auffassungen von Zeichenbedeutung auf: "Bedeutung (meaning) eines Zeichens, speziell eines sprachlichen Zeichens, ist eine innere Eigenschaft; eine einzigartige unanalysierbare Beziehung zu anderen Dingen; die anderen Wörter, die zu einem Wort hinzugestellt werden im Wörterbuch; die Konnotation eines Wortes; eine Wesenheit; ein Tun, das in ein Objekt projiziert wird; ein intendiertes Ereignis; eine Willensleistung; der Platz von etwas in einem System; die praktischen Konsequenzen eines Dinges in unserer zukünftigen Erfahrung; die theoretischen Konsequenzen, die involviert oder impliziert sind in einer Feststellung; die Emotion, die von etwas ausgelöst wird; dasjenige, was aktuell mit einem Zeichen verbunden wird in einer frei gewählten Inbeziehungsetzung; die mnemischen Effekte eines Reizes; die hinzugewonnenen Assoziationen; irgendein anderes Geschehen, dem die mnemischen Effekte irgendeines Geschehnisses entsprechen; dasjenige, wovon das Zeichen Zeichen ist, zufolge einer Interpretation; das-

jenige, was etwas andeutet; dasjenige, auf welches sich der
ein Symbol Benützende wirklich bezieht; dasjenige, auf welches sich der ein Symbol Benützende zu beziehen glaubt,"
etc. Die aufgeführten Zeichendefinitionen gehen teilweise
ersichtlich über den Bereich des *Sprachlichen* hinaus in Richtung auf Zeichenfunktion-im-*allgemeinen*. Die Bedeutungs-
definition der neopositivistischen Erkenntnistheorie – Bedeutung gleich Verifizierbarkeit ("verifiability theory of meaning") – ist unter anderen Termini in der Aufzählung mit
enthalten. Ebenso ist die charakteristische Verschiebung der
Bedeutungsfrage auf die Frage des "Gebrauchs" der Sprache
in Ludwig Wittgensteins *Philosophical Investigations* in ge-
wisser Weise schon vorweggenommen. ("Was *bezeichnen* nun
die Wörter dieser Sprache? – Was sie bezeichnen, wie soll sich
das zeigen, es sei denn in der Art Ihres Gebrauchs?," § 10;
vgl. auch § 11, 49, 51). Wittgenstein sucht so der Unschärfe
des "Bedeutungs"-Begriffs zu entkommen.

Bei Ogden und Richards aber läuft es darauf hinaus: Allen
anderen möglichen Auffassungen von Zeichen- bzw. Symbol-
bedeutung gegenüber soll mit ihrer Lehre von "reference"
und "referent" die Mehrdeutigkeit von "Bedeutung (meaning)"
endgültig behoben sein. Zweifellos wird "Bedeutung" hiermit
auf *informative* Funktion festgelegt.

(ii) Zur Vorbereitung des Bodens für Symbol- und Zeichen-
theorien, die in charakteristischer Zusammenarbeit ver-
schiedener Wissenschaftsdisziplinen mit philosophischer
Analyse entwickelt wurden

Die heute sehr fruchtbaren Begriffe der "*Zeichen-Situation*"
und des "*Zeichen-Prozesses*" stehen bereits im Mittelpunkt des
englischen Werkes.[1] Was "*Philosophen und Metaphysiker*" als
ihr Monopol betrachtet haben, sei damit in den Bereich zahlreicher "*Wissenschaften*" gerückt worden: "Während der
letzten Jahre haben Fortschritte der Biologie und der physio-
logischen Erforschung des Gedächtnisses und der Vererbung
die Bedeutung (meaning) von Zeichen-im-allgemeinen zu et-

---

[1] Situation und Kontext sind als Kategorien in der Karl Bühlerschen *Sprachtheorie* von 1934 anerkannt.

was Unbezweifelbarem gemacht. Es wird hier gezeigt, dass Denken und Sprechen mit derselben Methode zu behandeln sind."

Diesen Weg sind später "Foundations of the theory of signs," *International encyclopedia of unified science*, Vol. I, No. 2 (Chicago 1938) und *Signs, language and behavior* von Charles Morris (New York 1946) gegangen, ebenfalls von einer neopositivistischen Basis aus und beeinflusst von *The Meaning of Meaning*. Die in der europäischen Formulierung noch spürbare Lücke zwischen den biologischen und den bewusstseinsmässigen Faktoren war für Morris durch die dieser Unterscheidung gegenüber neutralen "verhaltenswissenschaftlichen (behavioristischen)" Studien der amerikanischen Schule dieses Namens überbrückt. "Zeichen-Situation" ist der Zentralbegriff der zum team-work mit der Philosophie bereiten amerikanischen Linguistik geworden: "... the method of linguistics is essentially one of classification of situations in terms of responses to them, and is applicable only to the area of sign behavior." [1]

Auch die, unter A. N. Whiteheads und Ernst Cassirers Einfluss, eindeutig *nicht*-positivistisch eingestellte Susanne Langer hat zentrale Themen ihrer, reiches Material der Psychologie und Kulturanthropologie mitverarbeitenden, *Philosophy in a new key* (Harvard College 1942) in Abschnitten der Arbeit von Ogden und Richards finden können – wie zum Beispiel: "images as luxuries of mental life; metaphor as the primitive symbolization of abstraction," [2] etc.

(3) Zur Vorbereitung und Erklärung des Einflusses der Wittgensteinschen Sprachkritik im anglo-amerikanischen Raum

Hinsichtlich der Herausentwicklung eines neuen Typs von Sprachbetrachtung in der Gegenwart ist in *The Meaning of Meaning* mit Abstand am bedeutendsten die *Ausweitung* des Gedanken der *"Sprachkritik"*: [3]

---

[1] *Language in Culture. Conference on the interrelations of language and other aspects of culture*, ed. by H. Hoijer, Chicago 1954, S. 164.

[2] Das letztere Gedankenmotiv entwickelt bereits Nietzsche! Vgl.: *Über Wahrheit und Lüge im aussermoralischen Sinn.*

[3] Wittgensteins *Tractatus* war zwei Jahre vor *The Meaning of Meaning* erschienen. Von irgendeiner Beeinflussung kann man nicht sprechen.

(*a*) Einmal werden Sprach-*Analyse* und die *Kritik* der *Fehlerquellen* der Sprache – über den Stand der Dinge bei Mauthner *hinaus* – zu einem Gerichtshof der Philosophie über die Philosophie ausgebaut. Mag dies auch nur ein Beiwerk für die Verfasser sein, dessen Evolution zur sprach-kritischen und -analytischen Schule der Gegenwart sie bei der Abfassung ihres Buchs nicht voraussehen konnten! In ihrem Kapitel über "Die Macht der Wörter" nehmen Ogden und Richards *Distanz* von der ausschliesslich "skeptischen Reaktion" auf die kritische Durchleuchtung der Sprache, der auf der Linie: Mauthner – Russell – Wittgenstein viele verfallen seien: "... ein durchgreifendes Verstehen der Art und Weise, wie Sprachschwierigkeiten entstehen ... gibt keinen Grund zu einem Sprachnihilismus." Sie suchen die *Mitte* zwischen der tyrannischen Macht der Sprachgewohnheiten und einer resignierenden Haltung wie derjenigen Mauthners, indem sie eben das Geheimnis der Macht der Sprachzeichen und aller sonstigen Symbole *kritisch* zu *erforschen* versuchen. Dies wieder zwingt zur *Analyse der Zeichensituation, die hinter der Gegenstandsbeziehung jedes Symbols steht.* Erst diese "Zeichensituation" – ungefähr das, was Wittgenstein nachher die "Umstände" nennt, unter denen wir Wörter und Ausdrücke in bestimmtem Sinn verwenden – kommt für das "meaning" auf. Erst von dem letzteren her aber wird eine kritische Theorie des Denkens und Erkennens möglich sein. Und so hat denn zweifellos *The Meaning of Meaning* (und nicht der so wenig verarbeitete Mauthner) die für unsere Zeit charakteristische Tendenz einer Reduktion von Philosophie auf Sprach-Philosophie ausgelöst: Die "Symbolwissenschaft" ist *Grundlagen*wissenschaft für *alle* anderen Wissenschaften. Zusammen mit denjenigen Teilen von *"Grammatik und Logik,"* die durch sie nicht "überhaupt überflüssig werden," soll die Symbolwissenschaft *einerseits* die "Philosophie der Mathematik" und *andererseits* die "Metaphysik" *ersetzen*.

(*b*) *Diese* Kritik der Metaphysik, diese "Anti-Metaphysik" (vgl. S. 85 u.a.O.), ist *nicht dieselbe* wie die des "Physikalismus" Carnaps und der Mathematiker-Philosophen im Bereich des "Wiener Kreises." Die in die angelsächsischen Länder übergesiedelten Denker des Wiener Kreises münzten auf die Sätze der Metaphysik die reduktive Formel "verbal magic." Sie findet sich freilich auch in *The Meaning of Meaning.* Aber gleichwohl unterscheidet sich das letztere Werk von dem orthodoxen "Logischen Positivismus" Carnapscher Art.

Es unterliegt keinem Zweifel: Obgleich *Symbol-* und *Zeichen-*wissenschaft hier anders aussieht als bei Leibniz – sie soll auch hier, wie nach Entwürfen Leibnizens, die *Grundlagen*wissenschaft sein; denn sie ist Lehre vom "Sinn (meaning)" schlechthin (freilich nicht in Diltheyscher Weise); insofern in der Tradition "Metaphysik" – als "philosophia prima (Erste Philosophie)" – Grundlagenwissenschaft war, wird hier ausdrücklich die Idee einer anti-metaphysischen Grundlagenwissenschaft der traditionellen Konzeption entgegengestellt; die erstere soll sich aber auch nicht gängeln lassen von Mathematischer Logik oder von Physik in der Weise des Logischen Positivismus bzw. Logical Empiricism; sie hat, mit Hilfe von Kategorien wie Zeichen-Wirkung, Zeichen-Situationen, Symbolisierungs-Prozesse, sämtliche Begriffe von "Sinn (meaning)" einer *Kritik* zu unterwerfen; von dieser Kritik werden alle bisherigen Formen von Philosophie mitbetroffen.

Das ist die *"Idee"* des *Meaning of Meaning.* Von ihrer *Durchführung* freilich gilt für grosse Partien, was vorher gesagt wurde: dass das Werk sich selbst von Voraussetzungen einer bestimmten Philosophie und Psychologie nicht frei machen kann. Aber von welcher Philosophie, die uns die Geschichte zeigt, gälte dies nicht?

Mit jener Idee wird "Sprachkritik": (1) zu etwas *Mehr*-als-Negativem; (2) zu einer *übergeordneten* kritischen Instanz. Auch die Physik wird einer konstruktiven zeichentheoretischen (symbolwissenschaftlichen) Kritik unterzogen! (Vgl. S. 85, 86 u.a.O.: "... durch diese Zeichentheorie ... wird eine neue Grundlage für die Physik erstellt"). Unkritischer Symbolgebrauch führt zu Begriffen von "Bedeutung" und von "Denken," die imaginär sind auf dem Grunde von *"sprachlicher Spiegelung* (linguistic refraction)": "... die Gruppe von Konfusionen, die als Metaphysik bekannt ist, ist entstanden durch den Mangel an ... wahrem grammatischen Vorgehen, an kritischer Überprüfung der Symbolleistung." Um diese "grammatische Kritik" vorzuführen, werden die

Begriffe der "Bedeutung (meaning)" und der "Schönheit (beauty)" analysiert. Beschreibungs-Konventionen werden unterschieden von angeblichen Struktur-Notwendigkeiten der Dinge. Was Bertrand Russell die "fallacy of verbalism" nannte – die Verwechslung der Eigenschaften von Wörtern mit Eigenschaften der Dinge, die jene bezeichnen sollen – wird als die Erzeugung fiktiver Entitäten durch die Sprache angeprangert. Die Sprache ist voll von Elementen *ohne* eigentliche Symbolleistung. Oder in einem Bild, das noch direkter nach Wittgensteins *Philosophical Investigations* verweist: "... in photography it is not uncommon for effects due to the processes of manipulation to be mistaken by amateurs for features of the objects depicted." Entsprechend seien die einzig und allein in Sprachmanipulationen bestehenden Schein-gegenstände der Metaphysik fehlgedeutet und hypostasiert worden.

Wittgensteins Untersuchungen haben mehr Licht auf diese Fehlerquelle geworfen. Sie ist nicht zu verwechseln mit der grobschlächtigen Reduktion "metaphysischer Sätze und Systeme" auf den blossen "Ausdruck" psychischer Stimmungen oder Konstitutionen etwa nach R. Carnaps Logischem Positivismus.[1] "Einer könnte sagen 'Ein Satz, das ist das Alltäglichste von der Welt,' und der Andre: 'Ein Satz – das ist etwas sehr merkwürdiges!' – Und dieser kann nicht: einfach nachschauen, wie Sätze funktionieren. Weil die Formen unserer Ausdrucksweise, die Sätze und das Denken betreffend, ihm im Wege stehen.

Warum sagen wir, der Satz sei etwas Merkwürdiges? Einerseits, wegen der ungeheueren Bedeutung, die ihm zukommt. (Und das ist richtig). Anderseits verführt uns diese Bedeutung und ein Missverstehen der Sprachlogik dazu, dass wir meinen, der Satz müsse etwas Ausserordentliches, ja Einzigartiges, leisten. Durch ein *Missverständnis* erscheint es uns, als tue der Satz etwas Seltsames.

'Der Satz, ein merkwürdiges Ding!': darin liegt schon die Sublimierung der ganzen Darstellung. Die Tendenz, ein reines

---

[1] Vgl. z.B. aus Rud. Carnaps *Philosophy and logical Syntax*, London 1935, das I. Kap: "The rejection of metaphysics."

Mittelwesen anzunehmen zwischen dem Satz*zeichen* und den Tatsachen.''

"Man glaubt, wieder und wieder der Natur nachzufahren, und fährt nur der Form entlang, durch die wir sie betrachten.

Ein *Bild* hielt uns gefangen. Und heraus konnten wir nicht, denn es lag in unsrer Sprache, und sie schien es uns nur unerbittlich zu wiederholen.''

"Woher nimmt die Betrachtung ihre Wichtigkeit, da sie doch nur alles Interessante, d.h. alles Grosse und Wichtige, zu zerstören scheint? (Gleichsam alle Bauwerke; indem sie nur Steinbrocken und Schutt übrig lässt). Aber es sind nur Luftgebäude, die wir zerstören, und wir legen den Grund der Sprache frei, auf dem sie standen.''

"*Wir* führen die Wörter von ihrer metaphysischen, wieder auf ihre alltägliche Verwendung zurück.'' (Philosophical Investigations, § 93, 94, 114, 115, 118, 116).

Freilich könnte man den Spieß folgendermassen umdrehen: So *sehr* mit Sätzen wie den eben zitierten der Anti-Metaphysik des Wiener Kreises und Positivismus, der zwanziger Jahre um Moritz Schlick und Rudolf Carnap eine andere Richtung und Pointe gegeben wird, so *wenig* gelangte selbst ein Wittgenstein doch dabei über den "Ursprung der Philosophie" (nicht bloss der Metaphysik!) nach dem Grundriss von *The Meaning of Meaning* in einem übersichtlichen *positiven* Sinne *hinaus*. Nicht freilich als ob Wittgenstein die Selbstdestruktion der Philosophie von Ogden und Richards *übernommen* hätte! "Die meisten Sätze und Fragen, welche über philosophische Dinge geschrieben worden sind, sind nicht falsch, sondern unsinnig. Wir können daher Fragen dieser Art überhaupt nicht beantworten, sondern nur ihre Unsinnigkeit feststellen. Die meisten Fragen und Sätze der Philosophen beruhen darauf, dass wir unsere Sprachlogik nicht verstehen.

(Sie sind von der Art der Frage, ob das Gute mehr oder weniger identisch sei als das Schöne).

Und es ist nicht verwunderlich, dass die tiefsten Probleme eigentlich *keine* Probleme sind.

Alle Philosophie ist 'Sprachkritik.' (Allerdings nicht im Sinne Mauthners).'' (*Tractatus Logico-Philosophicus*, 4.003). Jede philosophische Aussage ist "schlechte Grammatik"

(*Tractatus Logico-Philosophicus*). Das "Tiefe" an der Philosophie hat die Tiefe eines "grammatischen Witzes" (*Philosophical Investigations*). Das ist Wittgensteins originäre Fassung der "grammatischen Kritik" an der "Gruppe von Konfusionen, die als Metaphysik bekannt ist" (Ogden/Richards).

An Wittgensteins Tractatus übten Ogden und Richards im "Anhang A)" ihres Werks ihrerseits *Kritik*. Die Ausdrucksweise Wittgensteins wird von Ogden und Richards eine Darstellung der Symbolfunktion im Stil der "vorsokratischen" Sprache genannt. Das heisst – auf dem *Kontrast*hintergrund *ihrer* Auffassung –: Wittgensteins Frühwerk bejaht eine *direkte* Beziehung zwischen Sprachzeichen und Welt.[1] Ogden und Richards *verneinen* eine solche: "No argument about the world is valid if based merely upon the way a symbol system behaves". [2] In Wittgensteins Spätwerk ist freilich von dem "Mystizismus", den Ogden und Richards dem Wittgensteinschen *Tractatus* entnehmen, nichts mehr zu spüren. Es rekurriert vielmehr – wie schon *The Meaning of Meaning* – auf unsere "gewöhnlichen Sprachformen," unsere "alltägliche Sprache (ordinary language)" und auf "Grammatik", – diese aber nicht im üblichen Sinne verstanden. Der normative Sinn von "Grammatik" – "Reglementierung der Sprache" (Wittgenstein) – wird vom Wittgenstein der *Philosophical Investigations* ebenso abgelehnt wie schon von de Saussure. –

Unter anderen Gesichtspunkten erscheint dies alles freilich als eine Gruppe immer neuer Radikalisierungen des Nominalismus: Der Streit gegen die Universalien wird mit neuen und geschärfteren Waffen geführt. Dies ist eine offenkundige Gemeinsamkeit der diversen modernen Formen der Anti-Metaphysik auf dem Boden der Sprachkritik und Zeichentheorie. Nur Charles Sanders Peirce macht hier eine Ausnahme grossen Stils. Nach seiner "Kosmologie" gibt es Gesetze, also *real Allgemeines*. Für Ogden und Richards aber sind "universelle Eigenschaften" Phantome, – eine Art von Lichtbrechung im Sprachmedium. Sie dürfen also nicht mit der Einrichtung der Welt verwechselt werden. Die substantivischen Universalien

---

[1] s.u.

[2] Vgl. zu dieser Stelle – S. 97 – den Verweis auf F. P. Ramsey in § 81 von Wittgensteins *Philosophical Investigations*.

sind analoge Konventionen. Klassen sind symbolische Fiktionen. Wenn das "schwindelhafte Problem" "dieser vertrockneten Archetypen" ausgeschaltet wird, so funktioniert unsere Symbolik besser.[1]

Wie sehr das alte Oszillieren zwischen den Positionen pro und contra Nominalismus in der Gegenwart weiterspielt, illustriert auf hoher Ebene Bertrand Russells mehrmaliger Positionswechsel, dessen Schattenspiel gewissermassen im Hintergrund des Weges von *The Meaning of Meaning* zu Wittgensteins Spätwerk geistert.

(4) Zur Selbsttranszendierung des dogmatischen Positivismus

Weniger "archetypische" Beiträge verspricht die von Ogden und Richards vorgeschlagene Zeichen- und Interpretationstheorie in zweierlei Hinsicht:

(a) "Scheinbar inkompatible Zeichen-Interpretationen" können geklärt werden – mit Hilfe des Einkalkulierens ihres Platzes in einem *Feld* bezw. in einer *Reihenfolge* und Abstufung von *Zeichensituationen* und der diesen *jeweils angemessenen Interpretationen:* "Die Atome, deren Wege photographiert werden, die Elektronen, die wir nicht 'sehen,' sind ... ebenso real wie die Zeichen, die in der Wahrnehmung gegeben sind, von welcher der Physiker ausgeht. Wenn wir auf unsere Stühle und Tische blicken, so sehen wir ein datum datissimum, ferner Kegelschnitte, ferner Oberflächen ... Holz, Bambus, Fibern, Zellen, Moleküle, Atome, Elektronen ... wobei die vielfältigen Bedeutungen von 'sehen' aufeinander folgen in einer geordneten Hierarchie, je nachdem die Zeichensituationen wechseln. Und indem Gesichtspunkt, Interesse, wissenschaftliche Technik und Untersuchungsabsicht sich wandeln, werden die Ebenen (levels), die in diesen Bezugnahmen (references) auftreten, ihrerseits sich ändern." (S. 86).

Die Pointe ist: Dass dies alles (vorwissenschaftliches *und* wissenschaftliches Hinzu-Denken des Bezeichneten) Zeichen-Interpretation ist – aber in je verschiedener Einstellung ("situation"). Wieder wird der Anspruch dieser Zeichen-

---

[1] Vgl. dagegen R. Carnap, z.B. "Empiricism, Semantics and Ontology," in: *Revue Internationale de Philosophie*, Nr 11 ("L'Empirisme Logique"), Janvier 1950, u.a.O.

theorie, Grundlagenwissenschaft zu sein, sehr deutlich. Hier treten vielversprechende Termini hervor: die "Expansion" eines Symbols bis zur Klärung der jeweiligen "Zeichen-Situation," also die Ersetzung eines statischen Bedeutungs-Begriffs durch einen funktionalen Kontext-Begriff im weitesten Sinne ("the context theory of reference"). Freilich ist die empiristisch-positivistische Grundposition – die letztliche Basierung von allem auf "Gegebenheiten" der Wahrnehmung vermittelst der Sinnesorgane – damit nicht verlassen. Andeutungen in Richtung einer Wahrscheinlichkeitstheorie weisen aber voraus auf die fruchtbare Wendung des logischen Positivismus: auf den Ausbau der "verifiability theory of meaning" mit Hilfe einer Theorie der Wahrscheinlichkeit durch Reichenbach und Carnap in den späteren Jahren ihrer Emigration nach den USA. Dass dies alles – unbemerkt wegen des mangelnden Interesses der neopositivistischen Bewegung für die Leistungen der philosophischen Klassiker – durchaus der Linie von Kants Theorie des "Kontexts *möglicher* Erfahrung" folgt, muss dem Kantkenner *schon* in der Fassung dieser Dinge in *The Meaning of Meaning* auffallen: "... die Teile jener Dinge, die wir mit Recht behaupten zu sehen, die ihrerseits nicht sichtbar sind, sind ebenso real wie diejenigen, die wir wirklich sehen. Die andere Seite des Mondes, die wir niemals sehen, ist so real wie die Seite, die unser Gesichtssinn wahrnimmt" (S. 85–86).[1] "Modifikationen unserer Sinnesorgane (Kant: "Modifikationen des Sinnes des Gesichts": A 28) wie die Farben sind *einleitende Zeichen* für Objekte und Ereignisse. Zu diesen als den "referents" der Zeichen (Kant würde sagen: "Erscheinungen") kommen wir durch *Interpretation* der Zeichen, genauer gesagt: durch *gestufte* Prozesse des Interpretierens in immer neuen "Einstellungen," die immer neue "Zeichensituationen" darstellen (Kant: "in der Relation des gegebenen Gegenstandes" zum "Subjekt").[2]

---

[1] Vgl. Kants analoges Beispiel!

[2] Vgl. *Kritik der reinen Vernunft*, B. 69, 70, 45 u.a.O. Von den früheren Mitgliedern des Wiener Kreises versuchen heute besonders C. Hempel und H. Feigl die Theorie der Bedeutung an eine "realistische Sprache" anzupassen. Vgl. H. Feigl: "Existential Hypotheses," in: *Philosophy of Science*, Vol. 17, No. 1, 1950, und "Logical Reconstruction, Realism and pure Semiotic," in: *Philosophy of Science*, Vol. 17, No. 2, 1950.

Dies alles arbeitet wohl einerseits Hans Reichenbachs "Erweiterungsregeln der Sprache" vor – "Erweiterung" nämlich vom Beobachteten zum Beobachtbaren ("observables") und weiter zum (direkt) Unbeobachtbaren ("unobservables") [1] – andererseits dürfte von hier kein weiter Weg zu Niels Bohrs Versuchen einer wirklichen Klärung des "Phänomen"-Begriffs sein.[2]

The *Meaning of Meaning* bleibt also einerseits mit einer neopositivistischen Deutung der Naturwissenschaft von vor vierzig Jahren verschwistert. Und doch beginnt hier andererseits die hochbedeutsame *Selbsttranszendierung* des Positivismus. Ausserhalb des Sprachproblems ist der "Phänomenalistische Positivismus" (grundlegend in Carnaps *Logischer Aufbau der Welt* von 1928 umrissen) in Richtung eines *kosmologischen Deutens* des wissenschaftlich Beobachteten und Beobachtbaren transzendiert worden durch Herbert Feigl, der freilich mit Hans Reichenbach von Anfang an "Realist" in der von Moritz Schlick geführten neopositivistischen Bewegung der 20er Jahre war.[3]

(*b*) Man darf auch die Ansätze zu einer Selbsttranszendierung der rein instrumentalistischen *Sprach*-Theorie ("... language, though often spoken of as a medium of communication, is best regarded as an instrument ...": S. 98) bei Ogden und Richards nicht übersehen: Wörter haben noch andere Funktionen als diejenigen, die in das Gebiet des Symbolismus in informativer Verwendung fallen. Die Beoachtung der emotionalen Tönung des Gesprochenen führt, wie Ogden und Richards glauben, an den Bereich dichterischer Sprache heran: "Instead ... of an antithesis of prose and poetry we may substitute that of symbolic and emotive uses of language"

---

[1] "... in dieser Welt stellt die realistische Sprache das normale System dar, während die positivistische Sprache ... eine einschränkende Interpretation ist": Hans Reichenbach, "The *Verifiability* Theory of Meaning," in: *Proceedings of the American Academy of Arts and Sciences, Contributions to the Analysis and Synthesis of Knowledge*, Published in cooperation with the Institute for the Unity of Science, July 1951.

[2] Vgl. z.B. "On the Notions of causality and complementarity," in: *Dialectica*, Vol. 2, No. 3/4, 1948).

[3] Vgl. z.B. Reichenbach's *Philosophie der Raum-Zeit-Lehre*, Berlin 1928; ders.: "The philosophical significance of the theory of relativity," in: *Albert Einstein: Philosopher-Scientist, The Library of Living Philosophers*, Vol. VII, 1949.

(S. 235). In der Tat hat ja I. A. Richards in seinem Wirken in Harvard in den letzten Jahrzehnten den "Literary Criticism" deutlich beeinflusst.[1]

Die Diskussion um das "emotive meaning" geht weiter, sowie diejenige um das Verhältnis von "strict symbolic language," "evocative language," "non-verbal languages" etc. (S. 235–36).[2] –

Übrigens geht *The Meaning of Meaning* auch ausdrücklich auf sprachpädagogische Probleme und auf das Problem des Übersetzens ein (z.B. S. 228). Das erläutert den sachlichen Zusammenhang zwischen dem den natürlichen Sprachen gewidmeten Werk und der von C. K. Ogden erfundenen Kunstsprache "Basic English," die I. A. Richards in Ausländerkursen an der Harvard Universität in grossem Umfang verwendet.

---

[1] Vgl. andere Schriften von I. A. Richards: *Principles of Literary Criticism; Science and Poetry; Practical Criticism; Mencius on the Mind; Coleridge on Imagination; How to read a page*, etc.

[2] I. A. Richards: "Emotive meaning again," in: *The Philosophical Review*, Vol. LVII, 2, 1948.

ders: "Emotive language still," in: *The Yale Review*.

und: Jürgen Ruesch und Weldon Kees: *Nonverbal Communication*, Berkeley and Los Angelos 1956.

sowie: J. Wheatley: "A note on the emotive theory," in: *Philosophy*, XXXIV/130, (1959).

KAPITEL II

DIE WEITERENTWICKLUNG DER NEOPOSITIVISTISCHEN LEHRE VON DEN VERSCHIEDENEN ARTEN DES SPRACHSINNS IN AMERIKA

Den Kern der Alternative, ob Sprache noch vom Philosophen (in einem traditionsgerechten Sinn dieses Begriffs) oder nur mehr vom Mathematiker und mathematischen Logiker behandelt werden kann, stellt die Frage dar: Ist Sprache gleich Information? Diese Frage wird überschattet von der verständlichen Herausstreichung der Informations-Seite und – Leistung der Sprache in unserer Situation der Massengesellschaft und der globalen Technik und Organisation. Ohne kultur- und geistesgeschichtliche Besinnung lässt sich daher jener Frage nicht gerecht werden.

In den letzten Jahren haben sich, überwiegend auf amerikanischem Boden, eine ganze Reihe von Philosophen und Vertretern der Fächerkombination Linguistik und Kulturanthropologie bemüht, über den Stand des Problems der Sprachbedeutung (meaning) hinauszugelangen, der etwa von den Schriften Rudolf Carnaps markiert wird. Mehrere amerikanische Stiftungen haben grosse Mittel investiert, um teamworks zwischen Philosophen und Vertretern zahlreicher Kulturwissenschaften in Gang zu bringen. Dabei wurde einerseits die sogenannte Sapir-Whorfsche Hypothese [1] über den wechselseitigen Zusammenhang zwischen Sprachstrukturen, Weltbildern und Kulturstrukturen kritisch geprüft. Andererseits wurde speziell dem Verhältnis des kognitiven zum nichtkognitiven Aspekt der natürlichen Sprachen neue Aufmerksamkeit geschenkt. Die durch die Schriften von I. A. Richards weit verbreitete Theorie des "emotive meaning" ist erheblich differenziert worden.

Aus der Sicht der amerikanischen Sprachtheoretiker der letzten Jahre ergibt sich vielfach die Auffassung von folgenden *Phasen* des Sprachproblems:

---

[1] s.u.

(1) "Die Sprachtheorie der Tradition." Dieser Ausdruck soll den ganzen Zeitraum zwischen Aristoteles und Wilhelm Wundt betreffen. Sprache sei in diesem Zeitraum mehr oder minder ausschliesslich verstanden worden als ein Instrument zur Übermittlung von Gedanken und von Erkenntnis (Information). Deshalb sei diese traditionelle Sprachtheorie eine "zu theoretische und intellektuelle"; sie *über*schätze den kognitiven Sprachaspekt, den Begriffsinhalt und die indikativen und deklarativen Sätze.

(2) Durch die Zusammenarbeit mit Linguisten, Psychologen, Anthropologen und Vertretern des "Literary Criticism" sei eine, der Tradition gegenüber wesentlich differenziertere, Theorie der Sprachzeichen ("Semiotik") entwickelt worden. Während Whitney, Tyler, Wissler, Russell noch in der Nähe der traditionellen Theorie gesehen werden, sollen die späteren Schriften von Edward Sapir und die Metalinguistik B. L. Whorfs einerseits, Ogden und Richards mit *The Meaning of Meaning* von 1923 und die Sprachauffassung des "logical positivism" andererseits die nächste Phase markieren. Diese Phase entwickelte eine in heutiger Kennzeichnung "dualistische" Sprachtheorie: Gegenüber der Tradition wurde eine nicht-kognitive Art von Sprachfunktion und Sprachsinn anerkannt, das heisst eine solche, die von keinen Begriffs- und Erkenntniselementen abhängig sei. Typisch für diese, der neopositivistischem Bewegung noch nahestehende, Sprachauffassung sei der Versuch, die Sprachen der Dichtung, der Ethik, der Metaphysik und der Religion eben in diese nicht-kognitive, "emotive" und "expressive," Sprachdimensionen einzureihen.

(3) In ungefährer Gleichzeitigkeit zeigten sich Vertreter einer "pragmatistischen und semipragmatistischen" Sprachauffassung. Ihr bedeutendster moderner Vorkämpfer, Bronislaw Malinowski, hatte seine grundlegende Studie über "The problem of meaning in primitive languages" als Supplement in *The Meaning of Meaning* veröffentlicht. Die Verflechtung von Sprache und Tun wird zur Grundlage der hierher gehörigen Theorien. Aber sie gehen weiter in folgender Richtung: Sprachliches und Nichtsprachliches wird unter den Oberbegriff des *Verhaltens* gebracht; soziologischer und kulturan-

thropologischer Aspekt des menschlichen Sprechens schlagen sich nieder in der These, dass Sprache selbst primär der Aktion *diene* und Aktion *sei*, dass also der kognitive Sprachaspekt sekundär und praktisch so gut wie niemals in Reinheit verwirklicht sei, dass er vielmehr nur prävaliere in parteiisch aus der Perspektive unseres heutigen Zivilisationslebens abgeleiteten Theorien von der Sprache als reinem Instrument der Gedanken- und Erkenntnis-übermittlung. Eine Verwandtschaft mit dem Spätwerk Wittgensteins, mit seiner Reduktion der Sprache auf "Sprachspiele," auf "Verwendung," "Gebrauch," "Funktionieren unserer Sätze," ist unverkennbar.

(4) Es hat sich eine Gruppe von Sprachauffassungen gebildet, die der Entstehung und Publikation nach die jüngste ist. Ihr Charakteristikum besteht vor allem darin, dass sie in *doppelter* Frontstellung steht: Sowohl gegen den strengen Dualismus ("referential – emotive meaning") wie gegen die letztgenannten pragmatistischen und verwandten Theorien. Grundlegend ist hier der Versuch, am Gros des Sprachlichen die *Synthese* von kognitiven und nicht-kognitiven Faktoren aufzuweisen, vielfach aber auch der Versuch, die Behauptung einer von kognitivem Bedeutungsgehalt *gänzlich* unabhängigen Sorte sprachlicher Äusserungen zu widerlegen. So versteht sich diese jüngste Gruppe amerikanischer Sprachtheoretiker zum Teil als Anhänger eines linguistischen "Monismus," der aber keineswegs auf die ungegliederte monistische Lehre "der Tradition" von der kognitiven Sprachfunktion zurückfallen will, die der Vergangenheit angehören soll. Glücklicher dürfte die Auffassung des eigenen Standpunktes in der Weise eines "Pluralismus" sein. Denn in der *Differenzierung* des Kognitiven an der Sprache dürfte das eigentlich Bemerkenswerte liegen. Die amerikanischen Philosophen Dewey, Morris, Black, Kaplan, Susanne Langer, Brandt, werden in diesem Zusammenhang genannt. Einer adäquateren Behandlung der Ethik und der Metaphysik, der Ästhethik und der Künste gilt es, die Grundlage zu geben. Denn die dualistische Sprachtheorie hatte die genannten Gebiete in das Reich der unter "szientifischem" Aspekt "sinnlosen Sätze" verwiesen: Sie haben kein "referential," "factual," "symbolic" meaning.

Eine verborgene *Zwei*deutigkeit des Terminus "meaning,"

mit dem zunehmend die ihrerseits im Deutschen nicht eindeutigen Termini "Bedeutung" und "Sinn" der Sprachausdrücke im anglo-amerikanischen Raum übersetzt wurden, ist als deutliche Fehlerquelle erkannt worden. Die Auswanderung fast aller führenden österreichischen und deutschen Neupositivisten in jenen Raum, als Folge des Hitlerregimes, zwang aber zu Übersetzungen. So wird nun versucht, "meaning" zu präzisieren als "conceptual content (begrifflicher Gehalt)." Erregungs-, Affekt-, Stimmungs-Ausdruck durch Interjektionen wird dagegen als Gebiet "prälinguistischer" Phänomene von dem Problem der sprachlichen "Bedeutung" ausgegrenzt.

Die gleiche Schwierigkeit wie mit der Kategorie "meaning" ist mit der durch Ogden und Richards gewichtig gewordenen Kategorie "purpose" gegeben. "Purpose (Absicht)" ist ein nicht-kognitiver, oder doch nicht *rein* kognitiver Faktor. Es ist zu unterscheiden zwischen meaning im Sinne von purpose (Absicht) und meaning im Sinne von conceptual content (Begriffsinhalt). Andererseits aber ist zu unterscheiden zwischen den folgenden zwei Fällen: (1) Eine sprachliche Äusserung *hat* eine Absicht oder *dient* einer solchen. (2) Eine sprachliche Äusserung *offenbart* eine Absicht bzw. *stellt* sie sprachlich *dar*. (Es kann sich um die bewusste Absicht des Sprechenden oder auch um ein Unbewusstes handeln). Im erstgenannten Sinn hat *jede* sprachliche Äusserung eine Absicht. Dies trifft gerade *auch* dann zu, wenn die Absicht darin besteht, Gedanken oder Erkenntnisse zu übermitteln (communicating information), also im kognitiven Sprachbereich.

Im folgenden ist zu erläutern: (A) Wenn die eben angedeuteten Differenzierungen nicht gemacht werden, so lässt sich menschliches Sprechen freilich mit Leichtigkeit global den Weisen des menschlichen zweckmässigen und sozialen Handelns *unter*ordnen; (B) werden Unterscheidungen getroffen, so lassen sich derartige radikale Thesen, sowie ihre Antithesen, als einseitig durchschauen.

A. DIE SCHWIERIGKEITEN MONISTISCHER UND DUALISTISCHER SPRACHAUFFASSUNGEN

(1) Vom Sprechenden her gesehen ist jeder Sprechakt ein Stück menschlichen Verhaltens und eine Antwort auf eine menschliche Situation. Die Absicht der Sprechhandlung kann eine bewusste oder unbewusste sein, eine überlegte oder affektbestimmte. Sprechender und handelnder Mensch sind eins. Menschliches Sprechen gehört zur menschlichen Tatwelt, die wiederum im Rahmen des Menschen als eines gesellschaftlich lebenden und handelnden Wesens gesehen werden muss. So gesehen tritt am menschlichen Sprechen seine Funktion in der menschlichen sozialen Kooperation hervor. An die *zweite* Stelle tritt seine Funktion, Gedanken und Erkenntnisse festzuhalten und zu übermitteln, oder andererseits je individuelle Gefühle und Meinungen auszudrücken. Als *primär* erscheint in anthropologischer und soziologischer Sicht die Herstellung der Resonanz und Beeinflussbarkeit zwischen den Mitgliedern der Gesellschaft. Dieser ganze Rahmen des Sprachproblems wird im Amerika von heute stark betont, zum Beispiel unter Berufung auf anthropologische Forschungen von Mrs. De Laguna und Dorothy Lee, auf Philosophen des menschlichen Verhaltens wie John Dewey und Charles Morris, auf Sprachwissenschaftler wie Bloomfield und den Schweden Segerstedt u.a. Es erscheint dann als grundlegende Fehlerquelle, in den traditionellen Bahnen Sprache als ein Instrument für die Bildung von Sätzen – und ihre *anderen* Funktionen nur als mindere Begleitumstände aufzufassen. Ein Satz des Philosophen Stephen C. Pepper von der Universität von Kalifornien wird zitiert: "A verbal judgment is a little purposive act of its own." Noch grundlegender ist die Stellungnahme Bronislaw Malinowskis: "In den primitiven Arten ihres Gebrauchs funktioniert Sprache als ein Bindeglied in koordinierter menschlicher Betätigung (in concerted human action), als ein Stück menschlichen Verhaltens. Sie ist *eine Aktionsweise* (mode of action) und nicht ein Instrument der Reflektion." Natürlich gibt es sprachliche Äusserung, die nur um ihrer selbst willen geschieht. Hierher gehört das Plappern des Kindes, – auf höherer Ebene der Sprachentwicklung aber: das Wortspiel, die Konversation

u.a. Keine Geringere als Susanne Langer möchte selbst Literatur und Wissenschaft unter diese Kategorie bringen. Das kann nur folgenden Sinn haben: Der kognitive Sprachgebrauch (cognitive, descriptive, scientific use of language) ist eine seltene und späte Erscheinung des Sprachlebens. In den hochentwickelten literarischen und wissenschaftlichen Sprachfunktionen ist die Sprache in der Tat Instrument des Denkens und der Übermittlung von Denken. Dies wird auch von Malinowski anerkannt. Aber er nennt, die eben aufgeführten Funktionen *"abgeleitet und spezialisiert,"* gemessen nämlich an dem sozusagen zeitlosen "pragmatischen" Charakter menschlicher Sprache: "... erzählendes Sprechen ist abgeleitet in seiner Funktion und bezieht sich nur indirekt auf Handlung. Aber die Weise, in der es Bedeutung gewinnt, kann nur verstanden werden aus der direkten Funktion des Sprechens im Handeln. Die erkenntnis-dienliche Funktion eines Berichtes ist ihrer sozialen ... Funktion untergeordnet ..." Malinowski prägt für diese "alte" Sprachfunktion den Ausdruck "phatic communion."

(2) Diese Rangordnung erinnert an Heideggers Bemerkung: "Damit Erkennen als betrachtendes Bestimmen des Vorhandenen möglich sei, bedarf es vorgängig einer *Defizienz* des besorgenden Zu-tun-habens mit der Welt," und an seine Auffassung der "Aussage als abkünftiger Modus der Auslegung." [1]
Offensichtlich stellt die Wertung in der neupragmatistischen Sprachtheorie den *Rück*schlag dar gegenüber der deutlich in den neupositivistischen, dualistischen Theorien des Sprachsinns enthaltenen Wertung: Bei Carnap so gut wie bei Ogden und Richards ist – der "szientifischen" bzw. "deskriptiven" Sprachfunktion gegenüber – das Reich des "emotive meaning" eben doch ersichtlich *zwei*rangig. Es umschliesst blossen Gefühlsausdruck in Interjektionen, dichterischen Ausdruck, Ausdruck des Wollens oder der psychischen Konstitution: u.a. in Sätzen der Ethik oder der Metaphysik, – die "weder wahr noch falsch, sondern sinnlos sind," ja geradezu von Carnap als "Pseudosätze" diskriminiert werden. Diese ersichtlich stark am Kriterium mathematisch-logischer und

---

[1] M. Heidegger, *Sein und Zeit*, S. 61 u.a.O., S. 153 f.

naturwissenschaftlicher Sätze aufgerichtete Rangordnung im Sprachreich wird von der pragmatistischen, soziologischen und kulturanthropologischen Schule auf den Kopf gestellt. Das weitgehend mit den amerikanischen Richtungen konforme Werk von Torgny T. Segerstedt, *Die Macht des Wortes* (Zürich 1947) zählt als Hauptfunktionen menschlicher Sprache auf: Die Hervorbringung von Handlung, die Abgrenzung einer menschlichen Gruppe von der andern und die Entwicklung des "Zusammengehörigkeitsgefühls" in jeder Gruppe. Die Anthropologin de Laguna spricht von der "social function of associating individuals." Hier dürfte der Sache nach das Gleiche gesagt sein wie in Johann Leo Weisgerbers "Gesetz der Muttersprache" und "Gesetz der Sprachgemeinschaft." Diese wurden früher formuliert. –

B. VON DEN KONFUSIONEN UM DIE KATEGORIEN "SINN," "BEDEUTUNG," "MEANING" ZUR ENTWICKLUNG EINER "FELDTHEORIE" [1]

Gegenüber diesen Rahmenbetrachtungen zur Sprache kommen dem Kern des Sprachlichen wieder näher die Denker auf einer mittleren Linie *zwischen* linguistischem Positivismus und soziologischem Pragmatismus. Dass alle sprachliche Äusserung geschieht in der Weise von Teilprozessen, die in der Wirklichkeit – vom Individuum sowohl wie von der Geschichte her gesehen – eingegliedert sind in Handlungszusammenhänge, ausgerichtet nach Zielen und Zwecken, ist völlig zuzugeben. Wir können mit Ludwig Wittgenstein von dem "Ganzen der Sprache und der Tätigkeiten, mit denen sie verwoben ist" sprechen; wir können das Sprechen der Sprache einen Teil einer "Tätigkeit" oder einer "Lebensform" nennen; und wir können es in voller Gewichtigkeit verstehen, dass Wittgenstein aphoristisch erklärt: "Befehlen, fragen, erzählen, plauschen, gehören zu unserer Naturgeschichte so, wie gehen, essen, trinken, spielen" (*Philosophical Investigations*, §§ 7, 23, 25).
Wenn ich zu jemandem sage: "Da liegt ein Stein," so ist

---

[1] Vgl.: *Language, Thought, and Culture*, herausgeg. von Paul Henle, The University of Michigan Press 1958, S. 156 u.a.O.

diese sprachliche Äusserung in Wirklichkeit wohl immer in eine aussersprachliche, pragmatische Intention eingebettet, zum Beispiel in diejenige, den andern vor dem Stolpern zu bewahren. Die Vertreter einer nicht-dualistischen und nicht-pragmatischen Sprachtheorie, die nach einer Synthese suchen betonen mit Recht, dass der Ausruf, die Warnung, die als solche nach dem dualistischen Schema zum *"emotive meaning"* gehören, doch *zugleich* einen *informativen* Inhalt (conceptual content) haben müsse. Das Verdienst dieses Standpunkts ist, (1) weder dem kognitiven noch dem nicht-kognitiven Sprachsinn einen *Wert*vorrang zuzusprechen; (2) zu beachten, dass die gegenseitige *Durchdringung* der kognitiven und der nicht-kognitiven Sprachfunktion in allen verschiedenen Sorten sprachlicher Äusserung viel komplizierter und subtiler ist, als die neopositivistische Trennungslinie zwischen beiden ahnen lässt; und (3) – vor allem – die kognitive und die nicht-kognitive Funktion in eine Gruppe von unter sich wiederum charakteristisch verschiedener Funktionsarten aufzugliedern. Im Bannkreis des Logischen Positivismus und der mit ihm verschwisterten Sprachpsychologie wurde zunächst zum Kriterium des Nichtkognitiven genommen: die Eigenschaft bestimmter Wörter, Ausdrücke und Sätze, emotionale und volitive Wirkungen in dem diese Sprachäusserungen Verstehenden hervorzurufen. Die Tendenz und die Potenz zu dieser Art von Wirkung sollte eben die *"emotive Bedeutung"* der betreffenden Sprachgebilde darstellen. Auf diese Seite verbucht wurde ferner der *Ausdrucks*-Gehalt sprachlicher Äusserungen. Jenseits eines Trennungsstrichs – im *anderen* Sprach- und Sinn-Bereich – wurden Sätze (nach dem Kriterium der Logik bzw. Erkenntnistheorie) als Urteile über Sachverhalte verstanden. Das Kriterium ist, dass die Alternative wahr oder falsch auf sie anwendbar ist. Gegenüber diesem Dualismus: nichtkognitiv – kognitiv (emotive meaning – symbolic meaning) wird in der jüngeren Schule und vor allem unter dem Einfluss des grundlegenden Buchs von Charles Morris *Signs, language and behavior* eine viel grössere Varietät ausgespielt. Zunächst gilt es, qua Sinn, Bedeutung (meaning) *prinzipiell* zu *unterscheiden* zwischen *Inhalten, Funktionen* und *Wirkungen.* Bevor dies geschehen ist, bleibt jene Trennungs-

linie zwischen "two sorts of meaning of news or words" eine
zweifelhafte Sache. Ob nämlich auf der nicht-kognitiven Seite
"meaning" nicht etwas zum Teil *Prä*linguististisches, jedenfalls
aber unvergleichlich anderes ist als "meaning" auf der kognitiven Seite, das eben ist die Frage. Möglicherweise sind die
neopositivistischen Analytiker der Sprache und Verkünder
der "fallacy of verbalism" selbst dem Mechanismus eines zwei-
deutigen Wortes ("meaning") aufgesessen! Dann wäre von
einer Dichotomie des Sprachreiches keine Rede, beziehungsweise es könnten aus den beiden Begriffen von meaning nur
Fehlschlüsse vom Charakter einer quaternio terminorum ent-
springen. Die Unterscheidung einer "plurality of functions
which language has to perform": "(I) Symbolization of reference; (II) The expression of attitude to listener; (III) The
expression of attitude to referent; (IV) The promotion of
effects intended; (V) Support of reference" [1] ist nicht philo-
sophisch geklärt in ihrem kategorialen Einteilungsprinzip.

Segerstedt will prinzipiell unterscheiden zwischen *Funktion*
und *Bedeutung*. Bedeutung ist bei der Sprache der Funktion
*vor*geordnet. Morris geht in seinem erwähnten Werk aus von
der *Unterscheidung* zwischen "modes of *signifying*" and "*uses
of language.*" *Anwendung* und *Wirkung* von Zeichen sind etwas anderes als die Arten ihres *Bedeutens*. Man wird auch
erinnert an die in der Nachfolge Cassirers von Susanne Langer
in "Philosophy in a new key" durchgeführte Unterscheidung
zwischen "signification" und "significance." (Diese Gegenüberstellung nimmt sich auf Englisch künstlich aus und soll
die beiden deutschen Termini "Bedeutung" und "Bedeutsamkeit" nachzeichnen, die aber ja auch nicht eindeutig gegeneinander gestellt sind).

Morris gibt dem ganzen Bereich des Sprachzeichens eine
*viel*fältige Gliederung in die Themen: "denotation, signification, expression, function, psychological and physiological
accompaniments, and effects." An "Weisen des Bedeutens"
führt er ebenfalls fünf auf: "the identificative, designative,
appraisive, prescriptive, and formative." Diesen Weisen des
Bedeutens ist – mit Ausnahme der ersten – je eine Verwen-

---

[1] *Meaning of Meaning*, S. 226–227.

dungs- oder Funktionsart zugeordnet: "information, valuation, incitement, systematization." Neben die Morris'schen Weisen des Bedeutens werden heute noch die "ausdrückende (expressive)" und "offenbarende (revelatory)" gestellt. Mit der letzteren ist ganz und gar keine theologische Assoziation verbunden. Es soll vielmehr hervorgehoben werden, dass unsere sprachlichen Äusserungen uns nicht nur vor anderen enthüllen, sondern auch vor uns selbst. Die "offenbarende" Bedeutung des Sprechens reicht hinauf bis in die Sphäre der Selbsterkenntnis. Und auch wenn in dieser viel Selbsttäuschung steckt, so ist doch das Sich-aussprechen der Weg zur Selbsterhellung. Auch was "purely emotive" ist, kann deshalb gleichzeitig ein kognitives Moment enthalten – insofern es nämlich den Stand der Selbsterkenntnis des Sprechenden ausspricht. Dies ist dann freilich "kognitiv" in einem ausserordentlich anderen Sinn als "kognitiv" im Sinne der szientifischen oder deskriptiven Bedeutung von Wörtern oder Sätzen nach dem neopositivistischen Schema oder im Sinne der Informationstheorie. Nach dem Schema gehört der Satz "ich liebe dich!" einzig und allein auf die Seite des emotive meaning – als etwas, an dem nur Ausdruck und Wirkungsabsicht ist. Aber im Inhaltlichen des Satzes schlägt sich gleichzeitig ein Sich-klar-Werden des Sprechenden über seinen inneren Zustand nieder. Er offenbart ein Ereignis, das in einer Autobiographie oder in einem Tagebuchbericht in kognitiver – oder denn: deskriptiver – Form ausgesprochen werden müsste. Es gilt sogar, dass "ich liebe dich!" entweder eine "wahre" oder eine "falsche" "Offenbarung" ist. Als *gespielte*, das heisst verlogene Liebeserklärung hat der Satz vielleicht wirklich nur noch meaning im Sinn von emotive meaning – von insgeheimen Bewirken- und Erreichenwollen, das in der sprachlichen Äusserung *nicht* "dargestellt" oder "geoffenbart" wird. Aber selbst dann sind (1) ein begrifflicher Inhalt (conceptual content) und (2) anthropologische Fundierungsverhältnisse vorausgesetzt. "Verstellung ist natürlich nur ein besonderer Fall davon, dass einer, z.B., eine Schmerzäusserung von sich gibt und nicht Schmerzen hat. Wenn dies überhaupt möglich ist, warum sollte denn dabei immer Verstellung statthaben, – dieses sehr spezielle Muster auf dem Band des Lebens? Ein

Kind muss viel lernen, ehe es sich verstellen kann. (Ein Hund kann nicht heucheln, aber er kann auch nicht aufrichtig sein). Ja es könnte ein Fall eintreten, in welchem wir sagen würden: 'Dieser *glaubt*, sich zu verstellen.' " [1]

Unter diesen Aspekten werden (1) *neue* Klassen der sprachlichen Äusserung aufgestellt, zum Beispiel: "Presenting and asserting," "expressing and evoking," oder "expressing and revealing." (2) wird die Frage aufgeworfen: Ist die emotionale Wirkung einer sprachlichen Äusserung (abgesehen von den psychischen Wirkungen der *Ton-* und *Laut*qualitäten, die nicht an Sprachelementen hängen) *abhängig* vom kognitiven *Inhalt* des Gesprochenen oder nicht? Charles Stevenson verfocht in seinem in den USA vielgelesenen Buch *Language in Ethics* (New Haven 1944) eine Auffassung, wonach Sätze, die man zum Bereich der Ethik rechnet, also zum Beispiel Gebots- und Verbotssätze ("du sollst nicht töten"), ausschliesslich volitive, aber *keinerlei* kognitive Funktion haben. Er hält das emotive meaning solcher Sätze für *un*abhängig vom deskriptive meaning derselben. Dem steht gegenüber die "cognitive field theory" von Brandt.[2] Nach dieser setzt sich auch das Nichtkognitive, setzen speziell Absichten und Wirkungen, im sprachlichen Feld irgendwelche kognitive Inhalts-Momente als Boden *voraus*. Gewissermassen auf dem Rücken des emotionsfreien Sprachinhalts (conceptual content) ereignen sich die auf das Fühlen und Tun bezüglichen Leistungen der Sprache. Die letzteren sind insofern "cognitively grounded." Das vorher referierte Fundierungsverhältnis von "Bedeutung" und "Funktion" bei Segerstedt kehrt also hier in anderen Worten wieder; (3) liegen alle diese Bemühungen auf dem Wege des Suchens nach einer überwölbenden strukturierten Einheit in der Vielfalt der Sprachphänomene: Eine *monisti-*

---

[1] Wittgenstein, *Philosophical Investigations*, Oxford 1953, S. 228/229. Vgl. zu allem Vorstehenden auch: Karl Jaspers, *Von der Wahrheit*, München 1947, II. Teil, 5. Kap. "Die Sprache" – vor allem die Abschnitte: "Das Mittel der Sprache ist 'Bedeutung'; Wort und Zeichen"; "Kritik der Sprache"; "Überwindbare Irrtumsquellen in der Sprache ("Falsche Worte; Totale Verkehrung des Menschen in der Sprache durch die Sprache; Der Sprachaberglaube")"; "Sprache und Philosophie"; "Sprachwissenschaft und Sprachphilosophie."

[2] Vgl. R. B. Brandt, "The Emotive Theory of Ethics," in: *Philosophical Review*, LIX, 1950.

sche Reduktion derselben auf "behavior" oder "action" erweist sich als ebenso einseitig wie eine Reduktion auf "symbolic meaning" bezw. "reference" oder "communicating information." Eine *dualistische Gegenüberstellung* aber stimmt nur im Groben und wird der Hauptsache des eigentlichen linguistischen Felds nicht gerecht: der *ständigen Überschneidung und wechselseitigen Abstützung des Kognitiven und des Nicht-kognitiven* an der Sprache. Nur an den Rand-phänomenen finden die einseitigen Auffassungen Bestätigung.

Inwieweit diese sämtlichen Untersuchungen in die Sphäre von *la parole* gebannt bleiben und zu ihrem Schaden eines Kategorien-apparates in Hinsicht auf den Systemcharakter der Sprache (als *la langue*) entbehren, bleibe hier dahingestellt.

KAPITEL III

METALINGUISTIK

A. WHORF

Bedeutsame Verweisungen auf Benjamin Lee Whorfs (1897–1941) Gedanken einer "Metalinguistik," die im deutschen Raum dem umfangreichen Werk Johannes Leo Weisgerbers verglichen werden könnte, also einem Gegenpol zum Positivismus nahekommt, finden sich schon in *The Meaning of Meaning*. Ogden und Richards betonen: Strukturähnlichkeiten innerhalb der indo-europäischen Sprachfamilie könnten prinzipielle Vorurteile schaffen, die das Verständnis der Struktur ausser-europäischer Sprachen blockieren. Die Vorurteile könnten sich steigern bis zu dem Gedanken: für alle Sprachen, ja für das menschliche Denken schlechthin und überall gültige Strukturen ("pure Reason per se," sagt Whorf) gefunden zu haben. Die heute mit "Glottozentrismus" gemeinte Voreingenommenheit ist also bereits erkannt. Diese Gedanken aus *The Meaning of Meaning* könnten unmittelbar aus Whorfs programmatischem Artikel von 1942 *Language, Mind, and Reality* stammen. Dass die Struktur eines Symbolsystems, die "Grammatik" einer Sprache, eine "Abbildung der Weltstruktur" sei (im Sinne etwa von Wittgensteins *Tractatus Logico-Philosophicus*), wird von Ogden und Richards abgelehnt. Wahrscheinlicher sei vielmehr, dass gerade umgekehrt die jeweils angenommene Weltstruktur eine *Projektion* der jeweils gültigen Grammatik sei. Dies ist ein Zentralgedanke der Whorfschen Metalinguistik. Die vielen möglichen Grammatiken und die Förderung je verschiedener Weltauffassungen durch sie erkennen Ogden und Richards ausdrücklich als Thema an.

Der Unterschied zwischen dem positivistischen Hauptinteresse der beiden englischen Philosophen an Anti-Metaphysik und dem positiven Standpunkt des Metalinguisten Whorf wird deutlich an der Stelle, an der es in *The Meaning of Mea-*

ning heisst: "Wir können entweder eine Grammatik von Substantiven und Attributen (Nomina und Adjektive) oder eine von Ereignissen und Objekten verwenden ... Es bedeutet Zeitverschwendung, solche Fragen in irgendeinem anderen Sinn zu diskutieren als in demjenigen, in dem wir über die Vorzüge verschiedener Arten von Unkrautjätmaschinen entscheiden ..."

Für die amerikanische Schule dagegen wurde es wichtig genug, dass es sprachliche Weltauffassungen unter der Hauptkategorie des Sichereignens ("eventing") und nicht unter der Kategorie des Nomens ("Täter-Subjekt") wirklich *gibt*. Ogden und Richards hatten sich als Motto für ihre Schrift u.a. Nietzsches skeptisches Wort aus *Jenseits von Gut und Böse* gewählt: "... Dank der gemeinsamen Philosophie der Grammatik – ich meine Dank der unbewussten Herrschaft und Führung durch gleiche grammatische Funktionen – (liegt) von vornherein alles für eine gleichartige Entwicklung und Reihenfolge der philosophischen Systeme vorbereitet: ebenso wie zu gewissen andern Möglichkeiten der Welt-Ausdeutung der Weg wie abgesperrt erscheint" (Aph. 20).

Whorfs Metalinguistik dagegen will gerade *hinter* die "Fallstricke der Grammatiker" (Nietzsche) kommen. Das ist wohl der tiefere Sinn des seltsamen Terminus "Meta-linguistik" (metalinguistics). Diese berührt sich darin mit der Idee der Wittgensteinschen "Sprachkritik." Aber sie strebt nicht nach einer "logischen Grammatik": Idee des *Tractatus Logico-Philosophicus,* – freilich nicht mehr des Spätwerks Ludwig Wittgensteins (*Philosophical Investigations*).

Durch kombiniert linguistische und kulturanthropologische Studien und Vergleiche, bei denen nordamerikanische Indianersprachen (Hopi und Navaho) als Gegenpol zur indogermanischen Sprachstruktur und Weltverarbeitung dienten, glaubte Whorf vor allem folgendes, speziell in der europäischen Sprachfamilie (in der einschlägigen Literatur mit "SAE: Standard Average European" bezeichnet) "Kodifiziertes" entdeckt zu haben: Spatialisierung, Quantifizierung, Reifizierung. Whorfs Studien suchten diese These besonders im Hinblick auf die europäische Zeitkonzeption im Gegensatz zu den in aussereuropäischen Sprachen kodifizierten Zeitkonzeptionen zu belegen. Die These (in den USA "Sapir-Whorf-Hypothese" genannt) besagt dann, dass unsere Sprachen gestatten und suggerieren, Zeit zu *verräumlichen* und zu *verdinglichen* und Zeitstrecken wie Geldmengen oder Raumstrecken *auszuzählen*. In den von Whorf detailliert untersuchten Indianersprachen ist es dagegen nicht möglich, Zeit mit Kardinalzahlen zu messen, das heisst, etwa zu sagen: "Er wartete sechs Tage lang." Es ist lediglich möglich zu sagen: "Er wartete bis zum sechsten Tag." Die eigentliche Fragestellung ist nun: ob solche grundlegenden Struktureigentümlichkeiten der Sprachen in den, den einzelnen Kulturen zugeordneten, Weltbildern ihre Entsprechung finden. Dabei wird Kultur (culture) in amerikanischer Weise bestimmt: "... alle diejenigen historisch geschaffenen Formen des Lebens – explizite und implizite, rationale, irrationale und a-rationale – die zu einer bestimmten Zeit als mögliche Richtlinien für das Verhalten von Menschen existieren." [1]

Dergestalt wird die "Sapir-Whorf-Hypothese" anwendbar auch auf die Sprach- und Kulturräume von Hoch-Kulturen – wie die orientalischen –, die in modernem Verständnis der europäischen Hochkultur ebenbürtig sein dürften.

Das chinesische Adjektiv fasst Qualitäten überwiegend als Gradunterschiede eher denn als Gattungsunterschiede auf. "Hau" wird mit "gut" übersetzt, "buhau" mit "nicht gut." Die Sachkenner versichern aber, die präzisere Übersetzung sei: "Wenn man alles in Betracht zieht, könnten die Dinge etwas schlechter sein bzw. etwas besser." In anderen Worten, um den amerikanischen Linguisten Charles Hockett – einen Whorf-Kritiker – zu zitieren: [2] "Wir können sagen, dass ein Paar von chinesischen Eigenschaftswörtern eine Skala konstituiert. *Eine* Richtung auf dieser Skala hat positiven Wert (die entgegengesetzte negativen Wert). Das normale adjektivische Prädikat dient dann dazu, das Subjekt irgendwo auf dieser Skala, aber immer relativ zu anderem, niemals in absoluter Weise, zu bestimmen." Hockett fragt nun, ob dieser

---

[1] Clyde Kluckhohn and William H. Kelly, "The Concept of Culture," in: *The Science of Man in the World Crisis*, ed. by Ralph Linton, New York 1945, S. 97.
[2] *Language in Culture, op. cit.*, S. 120 f.

"habituelle Relativismus" in der *Sprach*struktur irgendeinem
Strukturelement der chinesischen *Kultur* korrespondiert. Und
er fährt fort: "... die chinesische Lebensphilosophie, wie sie
Beobachter schildern und wie sie in einigen der chinesischen
philosophisch-religiösen Systeme, besonders im Taoismus,
'kodifiziert' ist, unterstreicht die Doktrin des Mittleren: werde
nie zu glücklich oder du möchtest auch zu traurig werden ...."
Freilich sind Vorsicht und Skepsis am Platze hinsichtlich des
geschichtlichen Alters einer solchen Formverwandtschaft
zwischen Sprache und Weltanschauung, – folglich hinsichtlich von Behauptungen, das eine habe das andere "hervorge-
bracht." Nicht das Ursache-Wirkungsverhältnis, sondern Verhältnisse der Wechselwirkung oder der Strukturaffinität kommen in Frage, um das, was an Tatsachen haltbar ist, in eine
hypothetische Theorie zu fügen. Die bekannte Frage nach dem
Vorrang des Denkens vor dem Sprechen oder aber des Sprechens vor dem Denken wird bei alledem weiterhin prinzipiell
als eine unlösbare, wahrscheinlich falsch gestellte Frage erscheinen. –

Benjamin Lee Whorf, dessen *Collected Papers on Metalinguistics* 1952 herausgegeben wurden, spricht von der "Matrix"
der Formen einer Kultur ("cultural patterns"). Die "Geometrie der Formprinzipien," welche die in der betreffenden
Kultur wurzelnde *Sprache* auszeichnet, ist mit jenem umfassenderen *allgemein*-kulturellen Formsystem verknüpft durch
das beiden übergeordnete System der Weltsicht. Ein solches
System scheint Whorf zu meinen mit dem Terminus "thought-
world," dessen Übersetzung ins Deutsche freilich die Gefahr
in sich birgt, ihn gründlich misszuverstehen, etwa im ideali-
stischen Sinn. Er meint wohl damit eine Art Über-Struktur –
deren Züge sich *sowohl* an den rein *sprachlichen* Strukturen
("linguistic-patterns") *wie* an den "cultural patterns," den
ausser-sprachlichen Kulturäusserungen, ausprägen.

Der Senior der amerikanischen Kulturanthropologie, Alfred Louis Kroeber, jedenfalls glaubt, die von Edward Sapir
und B. L. Whorf vorgenommenen und angeregten Studien
der Sprache *und* der Kultur zielten auf einen "set of super-
patterns of ... culture or language – what Sapir might
have called a trend or slope – which was generic and ran

through all the patterns of ... culture and ... language." [1]

Ethno-linguistische – bzw. in Whorfs Sinn: meta-linguistische – Studien auf breiter Linie zeigten die Fruchtbarkeit der heuristischen Frage: Wie sind die Beziehungen zwischen der Sprache und der *übrigen* Kultur ("the rest of culture")? Mag auch das Prinzipielle immer noch nicht durchleuchtet sein, – Teilergebnisse wurden hier gefunden.

Die Belege und Beispiele dafür liegen auf der hohen Ebene des funktionalen Zusammenhangs zwischen dem *Zentrum* einer Kultur, das heisst der sie auszeichnenden Wertorientierung und Erfahrungsaufschlüsselung einerseits, und dem "inneren *Charakter*" einer Sprache andererseits (um für das zweite Relationsglied Wilhelm von Humboldts Terminus zu benutzen).

Dass hier wirklich ein Zusammenhang feststellbar ist, ergibt sich bei Abwandlung und genauerer Einstellung der vorigen Frage: Auf welche Weise hilft eine Sprache durch ihr strukturelles semantisches System die Erfahrungswelt der diese Sprache Sprechenden organisieren?

Die Sprache der Navaho-Indianer spricht nicht wie die unsrige von Tätersubjekten, die bestimmte Tätigkeiten vollführen. Stattdessen spricht sie von Geschehnissen, die einer bestimmten Klasse von Wesen eigentümlich sind. Unser Satz lautet: "Du hast Dich hingelegt." Der Navahoausdruck dafür besagt: "Du gehörst zu einer Klasse von Lebewesen, die sich zur Ruhe begeben hat." Nie tritt das Individuum isoliert auf. Das Individuum ist immer eingeordnet. Das Universum ist gegliedert in verschiedene Ordnungen von Wesen. Über die diesem Sprachcharakter übergeordnete Weltanschauung ("thought-world") der Navahos ist folgendes bekannt: Die Navahos verstehen sich als in einer besonderen Beziehung stehend zu ihrer Umwelt, – "Umwelt" dabei verstanden im natürlichen, im sozialen und im übernatürlichen Sinne. Der Navaho lebt in einem Universum von ewigen und unveränderlichen Kräften. Mit ihnen versucht er sich im Gleichgewicht zu halten, eine Art von balance of power zu wahren. Das Leben jedoch bringt Störungen dieses Gleichgewichts und der har-

---

[1] *Language in Culture, op. cit.*, S. 231.

monischen Einordnung. In schweren Fällen muss ein Priester
konsultiert werden, der durch rituelle Praktiken die Ursache
der Störung ermittelt und – je nach seiner Sicht der Sachlage
– religiöse Zermonien zur Abhilfe anordnet. Der tiefere Zweck
der heilenden Zeremonie ist es, das aus der Einordnung in das
Universum herausgefallene Individuum oder den ganzen
Stamm wieder harmonisch einzuordnen. Es ist bedeutsam,
dass dies geschieht – nicht indem der Priester auf das Individuum einwirkt, noch durch den Versuch des Priesters, die
Kräfte des Universums zu beeinflussen. Was vielmehr geschieht, ist die Aufführung eines religiösen Dramas. In diesem
werden die Vorgänge nachgespielt, durch welche die Begründer der Navaho-Kultur zuerst Harmonie zwischen Mensch
und Natur gestiftet haben sollen.

Der zentrale *Wert* ist also harmonische Einordnung. Ent-
sprechend beschreibt die Navaho-*Sprache*, wie vorher erwähnt,
Vorgänge und Tätigkeiten grundsätzlich zusammen mit der
Einordnung der Tuenden in Klassen von Entitäten des Uni-
versums. Vom selbstmächtigen Tunssubjekt ist weder in der
Sprache noch in der übrigen Kultur der Navahos "die
Rede."

Im Kontrast zu solchen nicht-indogermanischen Sprachen
wird im indogermanischen Sprachraum *Handlungen* von *Tä-
ter-Subjekten* der Wertvorrang der Bedeutsamkeit, des Interesses und der ontologischen Fundamentalität erteilt. Dementsprechend dominieren in der Weltsicht die Kategorien
des agens und movens, der causa, der Faktoren, des Creator
Spiritus ... Über den kosmologischen und den sprachlichen
Bereich hinaus prägen sie sich im Profil der technischen Ge-
samtkultur aus. –

An Stimmen der Bedenklichkeit und der Vorsicht gegenüber
diesen metalinguistischen Hypothesen über den Zusammenhang von Sprachstruktur und Kulturstruktur fehlt es gerade
in Amerika nicht.[1]

---

[1] Vgl. auch K. Bühler, *Sprachtheorie*, 1934: "Es kam mir vor, als liessen sich
einige Züge an den Symbolfeldern etwa von daher verstehen, dass z.B. die
Eskimosprachen als weitgehend impressionistisch mit den Bantusprachen als
weitgehend kategorial und das Chinesische mit seiner bekannten Vorliebe für das
dinglich-Individuelle mit den indogermanischen Sprachen, die samt und sonders

In ähnlicher Weise sind in Deutschland auf Bedenken ge-
stossen die tief ins Sprach-philosophische und in die Problematik der Verknüpfung von Sprache und menschlichem Welt-
verhältnis-im-Ganzen vordringenden Arbeiten von Joh. Leo
Weisgerber, die vor denen B. L. Whorfs liegen. Nach Weisgerber ist die Sprache Grundtatsache menschlichen Daseins,
ist die Kraft, durch die der Geist seine Umwelt intellektuell
bewältigt, eine Welt von Begriffen und Denkformen erbaut,
innerhalb derer er sich bewegt.

Innere Sprachform ist prägende, gestaltende Form. Das
Weiterdenken von der Weltansicht der Sprache zur inneren
Sprachform ist ein Fortschreiten des Denkens in Kräften.
"Weltansicht" ist in einem Perspektivismus gemeint. Innere
Sprachform führt zu einer vom Kern her dynamischen
Sprachbetrachtung, die bei jeder einzelnen Sprache und
Spracherscheinung die geistige Formung und Umwandlung
der Welt in den Vordergrund stellt. Das gestaltende Prinzip
dieses Umschaffens der Welt in das Eigentum des Geistes ist
die innere Sprachform, der Wesenskern der Sprache.

Die Grundlage der Sprachgemeinschaft ist die gemeinsame
Sprache, deren integrierender Bestandteil die Schicht der
"sprachlichen Inhalte" ist. In ihrer Gesamtheit bilden sie das,
was man mit Humboldt die "sprachliche Zwischenwelt" oder
in richtig verstandenem Sinne das Weltbild der Sprache nennt.

Sprache begegnet uns immer als Muttersprache, das heisst
die sprachlichen Zwischenwelten sind immer muttersprach-
lich. Eindeutiger fundiert auf empirisches Tatsachenmaterial
als diese Begriffe Weisgerbers sind zwei von ihm formulierte
Gesetze. Er spricht von der Wirksamkeit zweier sprachlicher
Grundgesetze, die über der ganzen Menschheit walten: (1) Sie

das Universale als etwas Zeigbares behandeln, kontrastiert werden können. Doch
mußte ich einsehen, dass mir persönlich die wirkliche Kenntnis der empirischen
Daten, die zu solch einem Unternehmen nötig wären, unerreichbar sind. Und
darum wird der Versuch hier nur erwähnt, um unverbindlich die Richtung anzu-
deuten, in welcher ich die Fortsetzung einer sprachtheoretischen Analyse der
Symbolfelder menschlicher Sprachen für möglich halte."

ist lückenlos in Sprachgemeinschaften gegliedert, räumlich und geschichtlich. (2) Jeder steht unter dem Gesetz der Muttersprache. Das Gesetz der Muttersprache ist die Form, in der die Wirklichkeit der Sprache jeden umfasst.[1]

[1] Vgl. Nic. Hartmann über Sprache und objektiven Geist in: *Das Problem des geistigen Seins*, Berlin 1932.

KAPITEL IV

SPRACHKRITIK

A. DER URSPRUNG DER HEUTIGEN PHILOSOPHISCHEN SPRACHKRITIK BEI MAUTHNER

Fritz Mauthner (1849–1923), der heute fast Vergessene, nimmt, von heute aus gesehen, eine denkwürdige Stelle ein an der Gabelung hochmoderner Denkweisen über die Sprache, die in der Gegenwart zu keiner rechten Berührung kommen. Charakteristisch für Mauthners Sprachphilosophie sind folgende Gedanken:

(*1*) *"Sprachkritik"* als die eigentlich – oder die alleine – zwischen und nach Metaphysik und Antimetaphysik übrigbleibende Aufgabe und Chance der Philosophie der Gegenwart und Zukunft. Das Pathos hinter der heute sogenannten "Analytischen Philosophie," das sie vielfach zu *der* Philosophie von heute und von morgen proklamiert, klingt hier bereits im Zeitraum vor dem ersten Weltkrieg deutlich an.

(*2*) nimmt der gleiche Mauthner manches vorweg, das für die noch wenig in die europäische Sprachphilosophie und Sprachwissenschaft eingedrungene amerikanische Schule *"metalinguistischer"* Studien charakteristisch ist: Sprachanalyse ohne kulturanthropologische Erfahrungswissenschaft ist steril, Kulturanthropologie ohne philosophische Sprachanalyse, oder doch ohne vergleichende Sprachwissenschaft, ist blind. Für die Definition der so angedeuteten Methode wird vielfach die zunächst eigentümlich anmutende Formel verwendet: Studium der wechselseitigen Beziehungen (interrelations) "zwischen der Sprache und der übrigen Kultur (the rest of culture)." [1] In spezifisch europäischer und deutscher Einstellung nimmt Mauthner aber auch die *geschichtliche* Implikation des Kulturbegriffs hinzu, die bei den Amerikanern im Prinzip anerkannt, aber sehr wenig in der Tat hineinverarbeitet worden ist. Dass Mauthners sprachwissenschaftliches und kultur-

---

[1] s. ob.

geschichtliches Material zum Teil vom heutigen Stand der
Forschungen überholt ist, darf doch den Blick nicht trüben
für die Bedeutung der in ihm gegebenen Personalunion von
philosophischer Sprachkritik und kulturgeschichtlicher Empirie der Sprachen.

Zu (1): In seiner dreibändigen *Kritik der Sprache* mit ihren
mehr als 2000 Seiten behandelt Mauthner die Psychologie der
Sprache, die Sprachwissenschaft, das Verhältnis der Sprache
zu Grammatik und Logik, das Verhältnis zwischen Denken
und Sprechen u.a. Das kleinere Werk "Die Sprache" geht auf
das Verhältnis der Sprache zur Völkerpsychologie ein. Zehn
Jahre nach dem Erscheinen der *Kritik der Sprache* folgen 1910
die drei Bände des *Wörterbuch der Philosophie. Neue Beiträge
zu einer Kritik der Sprache.* In starker Beeinflussung durch
Schopenhauer und Nietzsche nimmt Mauthner Stellung einerseits "gegen jede Form des Aberglaubens und Dogmatismus,"
andererseits aber "gegen den metaphysischen Materialismus."
Was er geben will, ist eine sprachkritische Erkenntnistheorie.
Philosophie ist ihm Erkenntnistheorie, Erkenntnistheorie
aber Sprachkritik. Und diese führt zu dem Gedanken eines
skeptischen Nominalismus: Wir können mit der Sprache, und
damit auch mit der in Sprache gefassten Philosophie, nie
über eine bildliche Darstellung der Welt hinausgelangen.
Insofern strebt diese Sprachkritik eine Revision der Grundbegriffe aller Wissenschaften an. Und insofern versteht sie
sich als die Wissenschaft der Wissenschaften oder vielmehr
als das Wissen vom Wissen. Wieso sich dieses Unternehmen
gleichzeitig in zwei, bei Mauthner noch gekoppelten, Gedan-
kenmotiven entfaltet, für die er die Stichworte "Begriffskri-
tik" und "Wortgeschichte" gibt, wird gleich zu erläutern sein.
Zunächst strebt Mauthner nach dem ihm vor allem am Herzen
liegenden Aufweis der Unzulänglichkeit der menschlichen
Sprache überhaupt, der Gefahren des Wortaberglaubens, der
Wortfetische, insbesondere aber der philosophischen Begriffe
und unter diesen wiederum speziell der allgemeinen Begriffe.
Auch hier ist ein verbindender Faden zu wichtigen Bemühungen der englischen Gegenwartsphilosophie (Moore, Russell
u.a.) nicht zu verkennen: "... Der Begründer aller Sprachkritik, Locke, konnte grundsätzlich die Grenzen der Wort-

macht aufzeigen, weil er als Engländer von Nominalismus herkam und die Psychologie der Sprache zum Mittelpunkte seiner Lebensarbeit gemacht hatte" (I, CXXV).[1]

Viel moderner aber als Locke versteht Mauthner die Hauptaufgabe der Sprachkritik als eine Scheidung "brauchbarer Begriffe" von "Scheinbegriffen." Das grosse Thema der neopositivistischen Bewegung des Wiener Kreises aus den zwanziger Jahren: die Entlarvung der "sinnlosen Sätze" bzw. "Pseudosätze" ("pseudosentences," Carnap), steht bereits im Mittelpunkt des Mauthnerschen *Wörterbuchs der Philosophie*. Die tiefere Intention des Wörterbuchs ist es, Begriffe von traditionellem Ansehen als Scheinbegriffe zu "denunzieren." Was also in der vom heutigen Logischen Positivismus und Logical Empiricism betriebenen Destruktion der Metaphysik – als eines Inbegriffs nicht eigentlich falscher, sondern sinnloser Sätze – angestrebt wird, war bei Mauthner bereits Programm. Wie aber unterscheidet sich ein Scheinbegriff von einem brauchbaren Begriff, ein "richtiger" Begriff von einem "falschen," ein "lebender" Begriff von einem "toten"? Mauthner operiert mit dem Ausdruck "falsche Begriffe" ausdrücklich unter Hinweis darauf, dass in allen Begriffen *Urteile* versteckt seien. Tote Begriffe zerfallen in totgeborene und solche die im Zuge der Geistesgeschichte absterben. Zu den ersteren rechnet er Begriffe wie *imponderabilia, absolut, Phlogiston.* Kriterium ist ihr Widerspruch mit den Tatsachen der Erfahrung. Dagegen: "Der Begriff *Hexe wurde* erst falsch, als der Begriff *Teufel* gestorben war; mit dem Scheinbegriff Teufel konnte das gottlose Weib keine fleischliche Verbindung mehr eingehen. Der Begriff *Teufel* wiederum war lange genug lebendig und starb erst, als die menschliche Erkenntnis sich überzeugt hatte, dass weder ein Teufel, noch irgend welche seiner Wirkungen in der Wirklichkeitswelt zu beobachten wären" (CXXVII). Das Kriterium der Unterscheidung brauchbarer Begriffe von toten beziehungsweise falschen Scheinbegriffen steht in nächster Nähe des neopositivistischen Kriteriums der Verifizierbarkeit und Falsifizierbarkeit. Nur nimmt Mauthner die geistes-geschichtliche "Lebensdauer" ernst, was den

---

[1] Zitate beziehen sich auf *Wörterbuch der Philosophie*, 2. verb. Aufl., Leipzig 1923, Bd. I–III.

extrem a-historisch denkenden Mathematikern und Physikern im neupositivistischen "Wiener Kreis" ferne lag. Seine Leistungskraft überfordert Mauthner mit dem Versuch, noch Näheres über die Beschaffenheit der philosophischen Scheinbegriffe zu sagen, indem er sie als "substantivische Begriffe" zu kennzeichnen sucht. Die Beziehungen der substantivisch gedeuteten Welt sind durch die Sprache auf die Welt projizierte Raumbeziehungen. Ausser B. L. Whorfs These von der für unser Weltbild grundlegenden Verräumlichung der Zeit, die in unseren Sprachen "kodifiziert" sei,[1] dürfte Mauthners Sprachkritik an diesem Punkt kaum bedeutende Nachfolge gefunden haben. Er zeigt sich vielmehr hier als typisch in der Entwicklung zwischen Nietzsches Werdensphilosophie und Heideggers *Sein und Zeit* stehend. Die substantivische Welt ist ihm unwirklich, weil sie die Welt des Seins ist. Die Welt des Seins aber entbehrt "der wichtigsten Bedingung aller Wahrnehmung," der Zeit. "In der Zeit gibt es nichts Bleibendes, gibt es kein Sein, gibt es nur ein Werden" (III, 264). Der substantivischen Welt stellt er die verbale Welt und die adjektivische Welt gegenüber. Ersichtlich wird hier der Bezirk einer Kritik der Sprache überschritten oder werden zum mindesten die Grenzpfähle nicht deutlich. Dass Begriffe und Wörter abgehandelt werden, wie wenn sie dasselbe wären, gehört zum durchgehenden methodischen Prinzip Mauthners.

Die Zerstörung der Scheinbegriffe hält Mauthner für eine mehr als theoretische Angelegenheit. Die Erlösung vom Glauben an die Sprache enthält die Befreiung vom Aberglauben an die Scheinbegriffe als *Phase* in sich. Die Entlarvung der Irrtumsquelle der Sprache – ein altes, aber unstreitig in der Gegenwart beherrschend hervortretendes Gedankenmotiv – ist also nicht nur mit Formeln Wittgensteins, Russells und der Neopositivisten zu belegen. Mauthner steht, in Nachfolge Nietzsches, auf einem Standort, der weniger parteiisch für die Sprache der Mathematik und der Naturwissenschaft (in der allein "sich etwas sagen lässt" nach Wittgensteins *Tractatus Logico-Philosophicus!*) votiert, wie dies im Grund bei den genannten Anhängern und Abtrünnigen des Neopositivismus

---

[1] s. ob.

der Fall ist. Mauthner hat das Verdienst, den Wortaberglauben der "Scholastik" auf der einen Seite, auf der anderen Seite aber *auch* die "Scholastiker unter den materialistischen Naturforschern" zum Gegenstand seiner kritischen Prüfung zu machen. D.h. statt des dogmatischen Programms der Antimetaphysik, behält er die Tatsache im Auge, dass Scheinbegriffe in metaphysischer *und* antimetaphysischer Sprache ihr Wesen treiben.

Zu (2): Dem neopositivistischen Interesse an der Verifizierbarkeit von Aussagen durch Beobachtungen und demjenigen Wittgensteins am "Gebrauch" der Wörter, am "Funktionieren unserer Sätze," steht bei Mauthner noch zur Seite das Interesse an der Verwirklichung alles Sprachlichen in der *Geschichte.* De Saussures unparteiische Anerkennung des synchronischen und diachronischen Sprachaspekts ist später aus der Mode gekommen. Für Mauthner ist der Inhalt eines Begriffs oder Wortes Niederschlag "der Wort- oder Begriffsgeschichte; wer vergessene Ereignisse einer Wortgeschichte besser kennen lernt, versteht auch die Nuancen des gegenwärtigen Gebrauchs besser; die Geschichte ist die wahre Kritik jedes Worts ... Man wird sich daran gewöhnen müssen, in jeder Wortgeschichte eine Monographie zur Kulturgeschichte der Menschheit zu erblicken. Sprachgeschichte, Wortgeschichte ist immer Kulturgeschichte, wenn wir den Stoff betrachten; eine besondere Sprach- oder Wortgeschichte gibt es nur für die Form" (XIII und XV). Dazu kommt nun die Hauptthese Mauthners. Man wird schwer bestreiten können, dass sie sich auf einen fruchtbaren Gedanken bezieht, der jedoch überspannt und überschätzt wird. In der Geistesgeschichte sollen die Hauptrolle *Entlehnung* und *Lehnübersetzung* gespielt haben. Mauthner hat diesen Gedanken in seiner *Kritik der Sprache,* Zweiter Band, sowie in dem Buch *Die Sprache* herausgestellt und erklärt nun, dass fast jeder Artikel des philosophischen Wörterbuchs zur Untermauerung der These diene. Nicht ohne Recht bemerkt er, dass die interkulturelle Entlehnung von Sachen und Worten untrennbar sei von der Geschichte der Handelsbeziehungen und Handelswege. Er nennt das Weitergegebenwerden der Spiele als einen besonders wichtigen Fall der Entlehnung und Nachahmung von Sachen,

Wörtern und Bedeutungen und verweist auf die durch riesige
Zeit- und Kulturräume sich erstreckende Wanderung sehr
alter Spiele, zum Beispiel des Schachspiels. Das Problem der
"Kulturverbreitung" und "Kulturbegegnung (culture diffu-
sion)" in der heutigen Kulturanthropologie ist tatsächlich mit
Mauthners Kategorien der "Entlehnung, Übersetzung und
Nachahmung" angeschnitten. Die Sprachgeschichte wird geradezu eine Geschichte der internationalen Wortentlehnung
und die Untersuchung der letzteren überschneidet sich mit der
Sprachkritik. Zwei Arten von Entlehnung sind zu unterscheiden, und zwar nicht nur für die Sprache, sondern für alle Arten von Kulturinhalten und geschichtlich wirkenden Vor-
bildern: Die bewusste und die ahnungslose Übernahme. Mit
alledem steht Mauthner in der Polemik gegen die in seiner
Zeit noch eine Rolle spielenden Hypothesen von einer Ur-
sprache oder gar von einem Urvolke der Menschheit. Ihm
heissen die zahllosen Wogen- und Wellenkreuzungen der Entlehnung "Kultur." Die Entlehnung gehört speziell zum Phänomen menschlicher Sprache. Jede Kultur verwirklicht sich
im Strom der Geschichte und ist damit zum mindesten der
Möglichkeit nach der Begegnung mit anderen Kulturen offen.
Nicht der übliche Begriff der "Völkerwanderung" erscheint
Mauthner als eine wichtige Kategorie der Kulturgeschichte.
Vielmehr ist es die Wanderung von Sachen und Namen von
Kultur zu Kultur, die er zur Richtschnur seiner Sprachgeschichte nimmt. Der Nachteil seiner Arbeiten ist, dass sie doch
bei der *Wort*-Geschichte bleiben, dass überhaupt alle seine
Bemerkungen über Sprache überwiegend an den Wörtern
haften. Im Vorwort des *Wörterbuchs der Philosophie* erkennt
er freilich an, dass nicht nur einzelne Wörter das Wichtige
sind, sondern Sprichwörter, Scherze, Anekdoten, Erzählun-
gen, Redensarten, – *"wandernde Motive."* Die *"Übersetzungen
ganzer Kulturen"* sind die eigentlich grossen Beispiele, an denen Mauthners Theorie des Kulturwandels Gewicht gewinnt,
aber die er nur skizziert.

Die Trennung von Kulturgeschichte und Sprachgeschichte
entlarvt Mauthner in ihrer verhängnisvollen Unsinnigkeit.
Er behauptet, die neuere Kulturgeschichte habe sich zu wenig
um die Wandlung der Begriffe bekümmert, die vergleichende

Sprachwissenschaft aber zu sehr nur um den Lautwandel. Die allgemeine Wissenschaft vom Bedeutungswandel ("Semasiologie") wird von Mauthner – auch in der zweiten Auflage seines *Wörterbuchs* von 1922 – nicht beachtet. Mauthners Interesse konzentriert sich auf zwei Arten von "Kulturwandlungen": Einerseits die Verbreitung von Realbegriffen von Kultur zu Kultur; andererseits die Wandlung religiöser und philosophischer, grossenteils hochabstrakter Begriffe. Ein Beispiel für das erstere sieht er in der Aufnahme der antiken Naturwissenschaft und Medizin durch die Araber, von denen die Grundbegriffe wiederum über das Lateinische dem Abendland weitergegeben wurden. Für die zweite Art von Wandlung hält er den Weg der christlichen Lehre und der Lehre des Aristoteles aus dem antiken Kultur- und Sprachraum in den Raum der geschichtlich von Missionierung und Wiederbelebung der Antike erfassten europäischen Völker für die ausgezeichneten Beispiele. Er übersieht keineswegs, dass in alledem eine Aporie steckt: die Wortgeschichte setzt Kenntnis der Kulturgeschichte voraus; die Erschliessung der Kulturgeschichte aber setzt eben gerade Kenntnis der Sprachgeschichte voraus. In dem grossartigen Gedanken der "Übersetzung ganzer Kulturen" ist jene Aporie schon enthalten, ebenso wie der Kultur- und Sprach-Relativismus zwischen Nietzsche, Spengler und der amerikanischen Kulturanthropologie unserer Tage.[1]

B. DER WITTGENSTEIN DES
TRACTATUS LOGICO-PHILOSOPHICUS UND DER
PHILOSOPHICAL INVESTIGATIONS

I

Extrem sind alle diejenigen Sprachtheorien, die eigentlich nur von Sprache als "la langue" oder – am anderen Pol – nur von Sprache als "la parole" handeln. Dieses Grundsätzliche erhellt am Früh- und Spätwerk Ludwig Wittgensteins und

---

[1] Vgl. Melville J. Herskovits, *Man and his Works. The Science of Cultural Anthropology*, New York 1952 ("26. Language, the Vehicle of Culture"); sowie B. L. Whorf und die Diskussion seiner These: s. ob.

an deren wechselseitigem Verhältnis: Die Sprachkonzeption
in Wittgensteins *Tractatus Logico-Philosophicus* scheint nahe
bei dem erstgenannten Pol zu stehen, diejenige in Wittgensteins *Philosophical Investigations* nahe bei dem zweiten Pol.
Wenn der Tractatus sagt: "Alle Sätze unserer Umgangssprache sind tatsächlich, so wie sie sind, logisch vollkommen
geordnet" (5.5563) – von "Sprache" in welcher Hinsicht
spricht er dabei? Wenn der § 93 der *Phil. Inv.* als Ziel der
Untersuchungen verkündet: "Einfach nachschauen, wie Sätze
funktionieren" (S. 43), oder der § 10: "Was bezeichnen nun
die Wörter dieser Sprache? – Was sie bezeichnen, wie soll sich
das zeigen, es sei denn in der Art ihres Gebrauchs?," so ist
klar, dass nicht von la langue gehandelt wird. Aber eine ganz
unscheinbare und doch vielleicht überragend wichtige Bemerkung aus den *Phil. Inv.* dürfte nur zu verstehen sein, wenn
wir "Sprache" dabei im Sinne von la langue lesen: "Nur *in*
einer Sprache kann ich etwas mit etwas meinen" (Fussnote
S. 18; Sperrung vom Verf.).

Wittgenstein hat in seinen frühesten philosophischen Studien an Problemen Freges und Russells gearbeitet. Begriffe
wie Satzfunktionen, Variable, Allgemeinheit, Identität u. dgl.
beschäftigten ihn. Er entwickelte dann ein neues Symbol-
system der sogenannten Wahrheitsfunktionen und die These,
logische Sätze seien tautologischer Natur. (Vgl. *Tractatus*
6.1203. Das jetzt übliche Wahrheitswert-Schema findet sich
Tractatus 4.31 und a.O.). Bei alledem blieb aber doch sein
Hauptproblem, wie eine Eintragung in seinem philosophischen
Notizbuch während des 1. Weltkriegs feststellt, die Erklärung
der Natur des Satzes.[1] Der *Tractatus* enthält einerseits eine
Lehre von der Symbolik und den Wahrheitsfunktionen, andererseits die Durchführung der Generalthese, dass Sprache ein
Bild der Wirklichkeit sei.

Die Theorie der Symbolik ("theory of symbolism"), die
Bertrand Russell in Wittgensteins *Tractatus* dargestellt findet,
operiert mit vier Gruppen von eigentümlichen Grundbegrif-
fen:

(a) "Tatsache" und "Sachverhalt": Tatsache ist, "was der

---

[1] Vgl. Norman Malcolm, *Ludwig Wittgenstein, A Memoir*, With a biographical
sketch by Georg Henrik von Wright, London 1958.

Fall ist." Sachverhalt ist eine Verbindung von Gegenständen,
eine Konfiguration derselben. Die Gegenstände verhalten sich
in bestimmter Art und Weise zueinander und hängen im Sachverhalt – genauer in der Struktur des Sachverhalts – zusammen.

Das Bestehen von Sachverhalten wird eine positive, das
Nichtbestehen eine negative Tatsache genannt (2; 2.01;
2.0272; 2.03; 2.031; 2.032; 2.06).

(b) "Form" und "Struktur": Wittgenstein versteht Form
als die Möglichkeit der Struktur. Die Tatsachen sowohl wie
die Sachverhalte haben Struktur. Für "Sachverhalt" sagt die
englische Fassung der deutsch-englischen Ausgabe des *Tractatus* "atomic facts" – der Begriff, der bei Russell eine grosse
Rolle spielt; für "Tatsachen" steht "facts," "Sachverhalte"
in diesem Sinn sind voneinander unabhängig. Andererseits
stellt die Totalität der Sachverhalt die "Welt" dar (2.033;
2.034; 2; 2.061; 2.04).

(c) "Bilder der Tatsachen": Das logische Bild einer Tatsache ist ein Gedanke. Das schliesst in sich: das Bild ist ein
geordneter Zusammenhang von Elementen. Das ist die Struktur des Bildes. Was hat sie zu tun mit der Struktur der Tatsache bzw. des Sachverhalts? Das ist die Kardinalfrage des
Tractatus, die auf eine Aporie hinausläft. Zunächst lässt sich
sagen: Bild und Abgebildetes müssen etwas gemeinsam haben.
Eben dieses Gemeinsame nennt Wittgenstein die "logische
Form". "Bild" muss in dem allerweitesten Sinne verstanden
werden (3; 2.1; 2.15; 2.161; 2.18).

(d) "Sätze" und "Sprache": Gedanken werden in Sätzen
ausgedrückt. Zu diesen Ausdrücken gehören sinnlich wahre-
nehmbare Zeichen. "Die Gesamtheit der Sätze ist die Sprache"
(3.1; 3.12; 4.001). Jetzt ist zu substituieren, dass der Gedanke
ein "Bild" ist. Insofern ist auch der Satz ein Bild der Wirklichkeit (4.021). Die "Abbildung" versteht Wittgenstein konform dem mathematischen Abbildungsbegriff, zum Beispiel
in der projektiven Geometrie. Er spricht von der "Logik der
Abbildung," hat aber diese Abbildung zuvor erläutert als
"allgemeine Regel", als "Gesetz der Projektion" (4.015;
4.0141). In Hinsicht auf das Kardinalproblem – "Abbildung"
der Welt der Tatsachen und Sachverhalte in der Sprache –

dreht es sich eben um die Zuordnung von Strukturen, die von
äusserster Verschiedenheit zu sein scheinen: "Die Grammo-
phonplatte, der musikalische Gedanke, die Notenschrift, die
Schallwellen, stehen alle in jener abbildenden internen Beziehung zu einander, die zwischen Sprache und Welt besteht.
Ihnen allen ist der logische Bau gemeinsam" (4.014). Was ab-.
gebildete Tatsachenwelt und abbildende Sprache gemeinsam
haben, wird also "logischer Bau" genannt, was dem vorher
verwendeten Begriff "logische Form" entspricht. "Die innere
Ähnlichkeit" "scheinbar so ganz verschiedener Gebilde" wird
in 4.0141 illustriert durch "das Gesetz der Projektion, welches
die Symphonie in die Notensprache projiziert. Sie ist die Regel
der Übersetzung der Notensprache in die Sprache der Gram-
mophonplatte."

Schliesslich ist darauf hinzuweisen, dass Wittgenstein
"Zeichen" und Symbol"" prinzipiell unterscheidet. Während
das Zeichen ein sinnlich Wahrnehmbares sein muss, ist doch
das Symbol am Zeichen erst das Bezeichnende: "Zwei verschiedene Symbole können also das Zeichen (Schriftzeichen
oder Lautzeichen etc.) miteinander gemein haben – sie bezeichnen dann auf verschiedene Art und Weise" (3.321).
Einige Beispiele Wittgensteins machen die Sache klar: Das
Wort "ist" tritt in der Sprache einerseits in der Funktion der
Kopula auf, andererseits als Gleichheitszeichen und schliesslich – in betontem Sinn – als Ausdruck der Existenz. "(Im
Satze 'Grün ist grün' – wo das erste Wort ein Personenname,
das letzte ein Eigenschaftswort ist – haben diese Worte nicht
einfach verschiedene Bedeutung, sondern es sind *verschiedene
Symbole*.) So entstehen leicht die fundamentalsten Verwechs-
lungen (deren die ganze Philosophie voll ist)" (3.323; 3.324).
Auf Wittgensteins Verfahren in den *Phil. Inv.* weist schon die
fundamentale Erklärung in 3.326 und 3.328 des *Tractatus* hin:
Am "sinnvollen *Gebrauch*" des Zeichens ist das Symbol er-
kennbar. Ein Zeichen, das nicht gebraucht wird, hat keine
Bedeutung. – Aus vier Theoremen, die sich aus seinen Grund-
begriffen ergeben, zieht nun der Wittgenstein des *Tractatus*
vier Konsequenzen von grosser Originalität und erheblicher
Paradoxie:

(I) Die Sprache ist die logische Abbildung der Welt. In

seiner eigenen, nun kritisch gegen diese These des *Tractatus*
stehenden Darstellung im § 96 der *Phil. Inv.*: "Das Denken,
die Sprache... als das einzigartige Korrelat, Bild, der Welt."
Die Begriffe: Satz, Sprache, Denken, Welt, stehen in einer
Reiheordnung und in einer Ordnung der Äquivalenz.

Eine schwierige Konsequenz dieser Theorie ergibt sich im
Hinblick auf dasjenige, was der Tractatus eigentlich philoso-
phisch *will* – nach der Aussage seines Autors: Er will dem
Denken eine Grenze ziehen. Dies führt zur Aporie: Dem Denken eine Grenze ziehen, hiesse "beide Seiten dieser Grenze
denken können (wir müssten also denken können, was sich
nicht denken lässt). Die Grenze wird nur in der Sprache ge-
zogen werden können und was jenseits der Grenze liegt, wird
einfach Unsinn sein" (S. 26). In den *Phil. Inv.* ist die zwei-
schneidige Funktion der Philosophie bei dieser hochgespann-
ten Grenzziehung in ein Bild von derber Realistik gebracht.
"Die Ergebnisse der Philosophie sind die Entdeckung irgend
eines schlichten Unsinns und Beulen, die sich der Verstand
beim Anrennen an die Grenze der Sprache geholt hat. Sie, die
Beulen, lassen uns den Wert jener Entdeckung erkennen"
(§ 119).

Die an die grössten Zeiten der Philosophie erinnernde Prätention der Bewusstwerdung über die Grenzen des Denkbaren
und Seienden erstaunt bei Wittgenstein, dem Kritiker und
Selbstdestrukteur, dem grössten Aporetiker der neueren Zeit.
Zum mindesten in bestimmten Partien des *Tractatus* meint er
es mit jener umgreifenden Funktion der sprachanalytischen
Philosophie durchaus ernst und positiv. Sein Lösungsvorschlag
angesichts der eben genannten Aporie läuft darauf hinaus,
dass die Philosophie "das Undenkbare von innen durch das
Denkbare" begrenzen soll. Das heisst, indem sie das Sagbare
klar darstellt – eben durch Sprachkritik im Sinne Wittgensteins –, wird sie "das Unsagbare bedeuten." Wahrscheinlich
hat "bedeuten" hier einen Sinn, der sich beziehen lässt auf
das bekannte Heraklit-Fragment: "Der Herr, dessen das
Orakel zu Delphi ist, spricht nicht aus und verbirgt nicht,
sondern gibt ein Zeichen (be-deutet)" (B 93). (Übersetz-
zung von Bruno Snell). In diesem Zusammenhang wird der
Philosophie sogar die Funktion zugesprochen, das Gebiet

der Naturwissenschaften "zu begrenzen." 4.113; 4.114; 4.115; 5.6 und 5.61 überhöhen sogar noch diese Funktion: "Alle Sätze unserer Umgangssprache sind tatsächlich, so wie sie sind, logisch vollkommen geordnet... Die Grenzen meiner Sprache bedeuten die Grenzen meiner Welt. Die Logik erfüllt die Welt..." (5.5563; 5.6).

Ob wir wirklich die Welt von der Sprache und Sprachlogik her von *innen* begrenzen können, kann man von allem Anfang an bezweifeln. Man wird das Paradox nicht übersehen, das Wittgenstein selbst an anderen Stellen nicht ignoriert und das B. Russell in seiner Einführung in den *Tractatus* auf die folgende Weise formuliert: "... wir (könnten) nur etwas über die Welt als Ganzes sagen, wenn wir über die Welt hinauskommen könnten, das heisst wenn sie aufhörte, für uns die ganze Welt zu sein" (S. 18). Zu einer solchen Auslegung scheint in Gegensatz zu stehen, dass der *Tractatus* ausgerechnet mit einem Satz über die "Welt," ja mit einer Definition der Welt beginnt: "Die Welt ist alles, was der Fall ist. Die Welt ist die Gesamtheit der Tatsachen..." (1; 1.1). Wenn heute die von Wittgenstein so stark beeinflusste sprachanalytische Philosophie der angloamerikanischen Welt ausgespielt wird gegen die, wie es heisst, "monumentale Philosophie" im griechisch-europäischen, im kosmologischen und anthropologischen Sinn von φιλοσοφία, dann wird oft in einer an Karikatur grenzenden Weise das fundamentale Welt-Begrenzungs-Problem des Wittgensteinschen *Tractatus* ignoriert.[1]

(II) Wenn Sprache Bild der Welt ist – freilich im weitesten und unbildlichsten, im *strukturlogischen* Sinn von "Bild" [2] –

---

[1] So z.B. von dem Amerikaner Morton White in: *The Age of Analysis*, 20th Century Philosophers, A Mentor Book, New York 1955, – wo er die "more cosmic varieties of Western philosophy," deren letzter grosser Vertreter Hegel gewesen sei und die gar noch mit der "kommunistischen Ideologie" zusammengebracht werden, der Wittgensteinschen Antimetaphysik gegenübergestellt und daraus die Folgerung ableitet, die Philosophie Europas müsse endlich "dehegelisiert" werden (vgl. S. 19 f).

[2] Zu "Strukturlogisch" vgl. H. Wein, *Zugang zu philosophischer Kosmologie, Überlegungen zum philosophischen Thema der Ordnung in nach-kantischer Sicht*, München 1954: Wittgensteins kardinale Aporie betrifft die "logische Mannigfaltigkeit," welche dieselbe sein muss im Abbildenden (Gedanke, Sprache, Satz) und im Abgebildeten (Welt, Wirklichkeit, Sachlage). Verf. hat dies die *neutrale* Struktur genannt. Nach Wittgensteins Sprachauffassung ergibt sich die Aporie: Wir kön-

und dies in sich schliesst, dass dem Bild und dem Abgebildeten
etwas gemeinsam ist, so kann ich nicht nocheinmal über dieses Gemeinsame *sprechen*. Denn es macht ja Sprache erst zu
Sprache, ist folglich in aller Sprache immer vorausgesetzt.
Was aber nicht ausgesprochen werden kann, kann sich gleichwohl "zeigen" lassen. "Der Satz kann die gesamte Wirklichkeit darstellen, aber er kann nicht das darstellen, was er mit
der Wirklichkeit gemein haben muss, um sie darstellen zu
können – die logische Form." "Was sich in der Sprache aus-
drückt, können wir nicht durch sie ausdrücken." "Was gezeigt
werden kann, kann nicht gesagt werden" (4.12; 4.121; 4.1212).

Daraus folgt nichts Geringeres, als dass eine "Philosophie
der Sprache" (über die Sprache!) nicht möglich ist. Von diesem paradoxen Schlusstein aus kann man das gesamte Bau-
werk des *Tractatus* so sehen, wie es Wittgensteins Lehrer,
Freund und Förderer B. Russell tut: "... die logische Aussage ist ein Bild (ein wahres oder ein falsches) der Tatsache
und hat mit der Tatsache eine bestimmte Struktur gemein. Es
ist diese gemeinsame Struktur, welche die Aussage befähigt,
ein Bild der Tatsache zu sein; aber die Struktur selbst kann
nicht in Worte gefasst werden, weil sie eine Struktur von
Worten, wie auch der Tatsachen, auf welche diese sich beziehen, ist. Deshalb besteht notwendiger Weise bei alldem,
was gerade der Gedanke der Ausdrucksfunktion der Sprache
in sich schliesst, die Unmöglichkeit, es in der Sprache auszudrücken. Es ist somit in einem vollkommen präzisen Sinne un-
ausdrückbar. Dieses Unausdrückbare (inexpressible) umfasst
nach Mr. Wittgenstein Logik und Philosophie in ihrer Ge-

nen über jene Struktur nicht selbst wieder Aussagen machen, d.h. sie "abbilden,"
– weil wir aus ihr bei allem Abbilden nicht hinauskommen. Es wäre zu billig,
als Einwand auszuspielen, dass Wittgenstein denn doch über die Struktur bzw.
logische Mannigfaltigkeit Aussagen macht. (Ebenso wie über "logische Form,"
"Form der Wirklichkeit," "Form der Abbildung," "Logik der Abbildung,"
"logischen Bau" ...') In den *Phil. Inv.* (§ 125) erklärt Wittgenstein, dass Philosophie den Widerspruch und das Sichverfangen in den eigenen Sprachspielen
nicht scheuen dürfe. Wichtiger ist wohl, dass wir – *indem* wir von Abbildung der
Welt und abgebildeter Welt sprechen – *schon* von Welt in *zweierlei* Weise sprechen.
Verf. nannte das diesem Zugrundeliegende die "Zweisprachigkeit des Welt-The-
mas" und forderte eine kosmologische "Neutral-Sprache." Das fällt nicht zusammen mit Tarskis Unterscheidung von "object-language" und "meta-language" –
so sehr andererseits, was Wittgensteins Aporie anbetrifft, die Frage des Sprechens
über Sprache, das metalingua-Problem, angeschnitten ist.

samtheit." "In Übereinstimmung mit diesem Prinzip sind alle
die Dinge, die gesagt werden müssen, um den Leser in das
Verständnis von Mr. Wittgensteins Theorie einzuführen,
Dinge, welche jene Theorie selbst als sinnlos verdammt"
(S. 21; 11).

(III) Es gibt Unaussprechliches. Wittgenstein bezeichnet es
im Tractatus auch als das "Mystische." Es kann nicht darüber gesprochen werden, aber es zeigt sich. "Nicht *wie* die
Welt ist, ist das Mystische, sondern *dass* sie ist. Die Anschauung der Welt sub specie aeterni ist ihre Anschauung als – begrenztes – Ganzes. Das Gefühl der Welt als begrenztes Ganzes
ist das mystische" (6.44; 6.45; 6.5). Das Unaussprechliche
wird also zurückbezogen auf jenes vorher berührte, weit ge-
spannte philosophische Problem, die "Grenzen der Welt" zu
denken.

Die Folgerung aus der nun geschehenen Verlagerung des
eben genannten Problems vom Reich der Sprache in das des
Unaussprechbaren ist Wittgensteins heute zum geflügelten
Wort gewordene Aufforderung zum Schweigen: "Was sich
überhaupt sagen lässt, lässt sich klar sagen; und wovon man
nicht reden kann, darüber muss man schweigen" (S. 26, Vorwort). Zu einer singulären Form der Selbstkritik, der echt
philosophischen Selbsttranszendierung, der erbarmungslosen
"Selbstannagung" (Nietzsche), steigert sich diese Selbstver-
dammung der philosophischen Aussage im lapidaren Schluß-
passus des *Tractatus*: "Meine Sätze erläutern dadurch, dass
sie der, welcher mich versteht, am Ende als unsinnig erkennt,
wenn er durch sie – auf ihnen – über sie hinausgestiegen ist.
(Er muss sozusagen die Leiter wegwerfen, nachdem er auf ihr
hinaufgestiegen ist.) Er muss diese Sätze überwinden, dann
sieht er die Welt richtig." (6.54)

(IV) Was sich sagen lässt, sind Sätze der Naturwissenschaft. Der Kontrast dieser Wittgensteinschen Position gegen
die vorherige ist in mehrerlei Hinsicht aufschlussreich. Der
Wiener Neopositivistenkreis, der mit Wittgenstein in seinem
Heimatland Österreich in Fühlung getreten war und sich dann
seinem überragenden philosophischen Ingenium in manchem
anpasste, hat seinerseits in Gestalt einiger keineswegs weiter
kritisch untersuchten Voraussetzungen Wittgensteins auf den

letzteren abgefärbt: "Die Gesamtheit der wahren Sätze ist die gesamte Naturwissenschaft (oder die Gesamtheit der Naturwissenschaften). Die Philosophie ist keine der Naturwissenschaften" (4.11; 4.111). Hier wiegt ebenso schwer die "selbstverständliche" Auszeichnung der naturwissenschaftlichen Sätze – die das "factual meaning" (Carnap) haben – wie die radikale Trennung zwischen Naturwissenschaft und Philosophie.

Die Konsequenzen dieses Theorems gipfeln a) in Wittgensteins, dem Positivismus konformer Brandmarkung aller Philosophie der Tradition als Missverständnis der Logik unserer Sprache; b) in dem Übriglassen einer Philosophie *als* Sprach-*Kritik*, die philosophische, speziell metaphysische Sätze unter dem Gesichtspunkt der Zeichenverwendung bzw. Symbolik *widerlegt*; und schliesslich c) in der in den *Phil. Inv.* überraschenden Zurückstellung *auch* einer solchen Philosophie hinter die "Sprache des Alltags": Auch die Philosophie des *Tractatus* hat die Sprache missverstanden.

Diese Einschätzungen der Philosophie zeigen sowohl die ursprüngliche Beeinflussung Wittgensteins durch den Wiener Kreis wie die spätere Transzendierung des Positivismus an. Philosophische, insbesondere metaphysische Sätze sind nicht falsche Sätze, sondern sinnlose Sätze, bzw. Pseudosätze: "Wir können daher... nur ihre Unsinnigkeit feststellen." Hier steht Wittgenstein nahe bei Carnap. Im *Tractatus* bezeichnet Wittgenstein die Gründe dieser unsinnigen Sätze global als Nichtverstehen, Missverstehen, Verwechslungen, die gegen die "Logik" der Sprache bzw. Zeichensprache verstossen. (Man darf dabei nicht an "Logik" im sonst üblichen Sinn denken). In den *Phil. Inv.* lässt er sich näher darüber aus, wie die Sprache *selbst* durch ihre Beschaffenheit und ihre Formen das philosophische Denken narrt. (Vgl. *Tract.* 4.003; *Phil. Inv.* § 111). Hier stehen wir vor neuen Aporien: (1) Ist nicht Wittgensteins Voraussetzung, die vielleicht für ihn als Mathematiker ganz gegen seinen Willen der Tradition der grossen Philosophen-Mathematiker der europäischen Metaphysik konform bleibt, dass Philosophie eben auf das Ganze der Welt ziele – das sie doch nicht erreiche? Verräterisch in der Tat ist Wittgensteins Erklärung, das Wort "Philosophie"

könne nur etwas bedeuten, das über oder unter den Naturwissenschaften stehe (4.111), "the picture that philosophy
must be something quite extraordinary." [1] (2) Wie steht andererseits die Degradierung der Philosophie zu einem "Miss-
deuten unserer Sprachformen," ja die Degradierung der
"philosophischen Tiefe" zu einem "grammatischen Witz," zu
dem oben (vgl. I. und III.) angedeuteten Rang der Funktion
der Philosophie? In den *Phil. Inv.*, die – ohne ersichtlichen
Zusammenhang mit den entsprechenden amerikanischen
Strömungen – einen unverkennbar instrumentalistisch-prag-
matistischen Gesichtspunkt haben [2], wird der Philosophie
(verstanden als Philosophie der Sprache und des Satzes) von
jenem Gesichtspunkt aus klipp und klar *jegliche* Funktion ab-
gesprochen. Sie ist das, was entsteht, wenn "die Sprache
feiert (goes on holiday)." (*Phil. Inv.* § 38). –

II

Nach dem bemerkenswerten Vorwort der 1953 in Oxford
posthum in deutsch-englischer Ausgabe veröffentlichten *Phil.
Inv.* ist für diese eine Korrektur der Positionen des *Tractatus*
auslösend gewesen (S. X.). Viele Paragraphen der *Phil. Inv.*
polemisieren unmittelbar gegen den *Tractatus.* Insbesondere
sagen sie sich in folgenschwerer Weise von den Ambitionen
auf eine logisch perfekte Sprache los, von einer "Zeichensprache... die der logischen Grammatik – der logischen Syntax – gehorcht. (Die Begriffsschrift Frege's und Russells ist
eine solche Sprache, die allerdings noch nicht alle Fehler aus-
schliesst)" (*Tract.* 3.325, 5.24) [3].

(I) Die *Phil.Inv.* beschäftigen sich, nach der Erklärung des
Autors in seinem Vorwort, mit der Sprache, insofern sie "den

---

[1] Paul Feyerabend, "Wittgenstein's Philosophical Investigations," in: *The
Philosophical Review*, Vol. LXIV. No. 3, July 1955.

[2] Die antike Auffassung von der Sprache als einem Organon war in K. Bühlers
Sprachtheorie wieder aufgenommen worden.

[3] Dagegen stehen im direktesten Sinn die Paragraphen 81, 96, 98, 124, 125,
130, 132, 133 u.a. der *Phil. Inv.* In der Bagatellisierung des grossartigen Widerrufs
des eigenen Frühwerks sehe ich den einzigen Nachteil der sonst ganz ausgezeichneten Analyse der *Phil. Inv.* durch Feyerabend (s. ob.). – Zu B. Russells *An
Inquiry into Meaning and Truth*, London 1940, stehen grosse Partien der *Phil.
Inv.* in Bezug.

Begriff der Bedeutung, des Verstehens, des Satzes" (IX) behandeln. Ein *allgemeiner* Begriff der Bedeutung der Worte erscheint aber dem Wittgenstein der *Phil.Inv.* wie "ein Dunstkreis", den das Wort mitbringt und in jederlei Verwendung hinübernimmt. Dieser Dunst, mit dem der traditionelle Bedeutungsbegriff das "Funktionieren" der Sprache umgibt, macht das klare Sehen unmöglich. Und eben die "Übersichtlichkeit" bzw. "übersichtliche Darstellung" des "Arbeitens unserer Sprache" – "*entgegen* einem Trieb, es misszuverstehen" – ist das die Sprache betreffende Ziel der *Phil. Inv.* Auf Verwendung, Funktionieren, Arbeiten, Gebrauch der Worte, der Sätze, der Sprache, verschiebt sich also jetzt das ganze Interesse der "Sprachkritik." Der Vorgang des "Gebrauchs der Worte" ist mit aussersprachlichen Tätigkeiten verwoben. Und eben dieses Verwobensein will Wittgenstein mit dem Ausdruck "Sprachspiele" fassen.[1] Selbstverständlich ist hier eine sehr weitgehende Parallele zu dem Ansatz amerikanischer Sprachtheoretiker nicht zu verkennen: das "sprachliche Verhalten" integriert in das gesamte menschliche Verhalten. Doch gibt es bei Wittgenstein – obgleich er die Sprache jetzt (im Gegensatz zum *Tractatus*) als ein "Phänomen in Raum und Zeit" untersuchen will – merkwürdiger Weise keine Bezugnahmen auf die einschlägigen Kapitel der Metalinguistik und Kulturanthropologie. Wittgensteins *Beispiele* für Sprachspiele sind aber eindeutig in der pragmatischen Welt zu Hause. ("Die Sprache soll der Verständigung eines bauenden A mit einem Gehilfen B dienen": § 2, etc.).

(II) Aus diesem Ansatz ergeben sich A) gegen die Sprachauffassung des *Tractatus* gerichtete Konsequenzen und B) eine Übersteigerung der Selbstkritik und Selbstdestruktion von der besonderen Wittgensteinschen Art von Philosophie-in-Liquidation, die über den *Tractatus* noch hinausgeht.

(A) In direkter Polemik gegen sein Frühwerk wollen die *Phil. Inv.* nicht mehr die *allgemeine* "Form" der Sprache oder des Satzes suchen, bzw. sie beleuchten eine solche Suche als ein Irregeführtwerden eben *von* der Sprache.[2] Was die Allge-

---

[1] Die Sprache ist aus dem Spiel entstanden nach Otto Jespersen: *Language, its Nature, Development and Origin*, 1922.

[2] "Die Philosophie ist ein Kampf gegen die Verhexung unsres Verstandes durch die Mittel unserer Sprache" (§ 109).

meinheit anbetrifft: Wittgenstein sieht jetzt auf dem Gebiet der sprachlichen Phänomene "ein kompliziertes Netz von Ähnlichkeiten, die einander übergreifen und kreuzen. Ähnlichkeiten im Grossen und Kleinen..." (§ 66). Er vergleicht dies mit den "Familienähnlichkeiten" im verwirrend vielgestaltigen Reich aller möglichen Spiele und prägt von daher die Formel von der "Familie der Sprachspiele", die ausdrücklich die Suche nach soetwas wie dem "Wesen" der Sprache abschneiden soll.

Darin zeigt sich noch ein anderer radikaler Positionswechsel gegenüber dem *Tractatus*: Dieser fragte nach der Sprache im Singular; wie erläutert blieben dort als das eigentlich Sagbare die Sätze der Naturwissenschaft übrig. An die Stelle dieser einen Kunstsprache treten nun in den *Phil. Inv.* die nicht konstruierten Sprachspiele, die in das ausserwissenschaftliche, praktische Leben eingebettet sind als Sprache des Alltags. Ja, die Sprachen werden als "Lebensformen" verstanden. Somit muss Wittgenstein jetzt die natürlichen Sprachen vor Augen haben. Das *Sprach*problem wird vom Problemkreis der *Logik* bzw. *Logistik abgehoben*. Damit wird der "Form"-Begriff des *Tractatus* aus dem rein strukturalen und logischen Bereich (beides in Wittgensteins eigentümlichem Sinn!) auf die Erde niedergeholt. Und das müsste eigentlich heissen, dass Wittgensteins "Untersuchungen" in den Bereich der empirischen Sprachforschung eindringen, oder dass sie doch wenigstens von dem letzteren und von seiner Relevanz für den "Begriff der Bedeutung, des Verstehens, des Satzes" Notiz nehmen müssten. Das Outsiderhafte der *Phil.Inv.*, das natürlich in Zusammenhang steht mit der einzigartig merkwürdigen Person und vita Wittgensteins, zeigt sich überraschend in dem Nichtnotiznehmen von dem empirischen Kontinent, den er gleichwohl betritt: "Betrachten wir den Satz: 'Es verhält sich so und so' – wie kann ich sagen, dies sei die allgemeine Form des Satzes? – Es ist vor allem *selbst* ein Satz, ein deutscher Satz, denn es hat Subjekt und Prädikat. Wie aber wird dieser Satz angewendet – in unsrer alltäglichen Sprache nämlich? Denn nur *daher* habe ich ihn ja genommen" (§ 134). Das Satz-Schema, der Bau des Satzes, ist also nicht allgemeine Form. Schema und Bau fungieren nur als solche *in* einer *bestimmten* Sprache. "Bestimmte Sprache" heisst aber ja: Sprache einer geschichtlich konkreten Sprachgemeinschaft.

In ganz abstraktem Sinne nehmen die *Phil.Inv.* die daran hängenden Konsequenzen allerdings zur Kenntnis. Die Annäherung an soziologische und vor allem an pragmatistische Sprachtheorien der anglo-amerikanischen Welt wird dann ganz unverkennbar. Es gehört jedoch nicht zu Wittgensteins stilistischen Gewohnheiten, Literatur beim Namen zu nennen. Der Sache nach dreht es sich um das folgende: "Gebrauch" der Zeichen heisst nach den *Phil.Inv.* einer "Regel" folgen. Was das letztere heisst, macht Wittgenstein klar, indem er einerseits die Regel als einen "Wegweiser" deutet. Andererseits erinnert er wieder daran, wie die Spiele ihren Spielregeln folgen. Er hält es für eine ernstliche Analogie mit den Sprachen (er scheint doch jetzt von den natürlichen Sprachen zu sprechen, nicht von konstruierten Kunst-Sprachen!, dass wir in gewissen Spielen "make up the rules as we go along" (§ 83) [1]. Hier wird man freilich fragen müssen, ob durch diesen Vergleich nicht die Verbindlichkeit [2] des Sprach-Systems (la langue) für die sprechenden Individuen und für ihre wie immer improvisierten Sprach-Spiele verdunkelt wird.

Gerechtfertigter erscheint eine spätere "Anmerkung zur *Grammatik* des Ausdrucks: 'der Regel folgen': "...'Einer Regel folgen, eine Mitteilung machen, einen Befehl geben, eine Schachpartie spielen sind Gepflogenheiten (Gebräuche, Institutionen). Einen Satz verstehen, heisst eine Sprache verstehen. Eine Sprache verstehen, heisst eine Technik beherrschen". "Darum ist 'der Regel folgen' eine Praxis. Und der Regel zu folgen glauben ist nicht: der Regel folgen. Und darum kann man nicht der Regel 'privatim' folgen, weil sonst der Regel zu folgen glauben dasselbe wäre, wie der Regel folgen". "Die gemeinsame menschliche Handlungsweise ist das Bezugssystem, mittels welches wir uns eine fremde Sprache deuten" (§ 199, 202, 206). Im § 454 u.a.O. kommt Wittgenstein auf bestimmte, nicht sprachliche Zeichen zu sprechen:

---

[1] Diese englische Wendung steht auf der deutschen Textseite der deutsch-englischen Ausgabe.

[2] Zu diesem Thema Näheres bei de Saussure, aber auch – auf ganz anderer philosophischer Grundlage – bei H. Lipps (*Die Verbindlichkeit der Sprache*, 2. Aufl., Frankfurt 1958).

"Der Pfeil zeigt nur in der Anwendung, die das Lebewesen von ihm macht." Das ist ganz genau die Erklärung der "Bedeutung" von Zeichen aus dem "Verhalten" der Zeichen verstehenden und Zeichen benützenden Situations-Partners, die der ältere amerikanische Philosoph Charles Sanders Peirce (gest. 1914) vor dem Aufkommen der behavioristischen Psychologie vorgetragen und die heute Charles Morris in dem mehrfach erwähnten auf moderne Verhaltenswissenschaft fundierten Werk *Signs, Language and Behavior* (New York 1946) breit ausgeführt hat. Aber auch der Begriff "sign-situation" von Ogden und Richards wird hier fortgeführt.[1]

"Verhalten" ist, recht verstanden, ein Begriff der Intersubjektivität bzw. Sozialität: Es findet in einer *"Situation"* statt und diese schliesst normaler Weise Verhaltens-*Partner* in sich, damit aber normaler Weise auch inter-subjektive, kollektive Verhaltens-Weisen bzw. – Gewohnheiten und -Normen ("Gepflogenheiten", "gemeinsame menschliche Handlungsweise"). Dies erhellt gerade in den Situationen gemeinsamen Spielens (game) [2].

Wittgensteins Spätwerk *schliesst* also an das soziologische und anthropologische Erfahrungswissen von den Realbedingungen "natürlicher" Sprache an – auch wenn es von diesem Anschluss an Hypothesen der Empirie nichts wissen will. –

(B) Die Unverwechselbarkeit ist das signum des *eigentlich Philosophischen* im Meer heutiger Sprachliteratur. Von sokra-

---

[1] Auch den Begriff "symbolmiljö" des führenden schwedischen Soziologen Torgny T. Segerstedt. Die *Einbettung* des *Zeichen-* bzw. *Symbol*-Themas und des *Sprach*-Themas in das Thema der Realkomplexe und *"Situation,"* welche zu den erstgenannten Themata einen neuen Erfahrungs-zugang eröffnet, enthält als crux nicht, wie man argwöhnen möchte vor allem die Gefahr eines Zirkels, wohl aber die Problematik aller *operationalen* Definitionen. Verf. ist aber der Meinung Segerstedts, dass solche Definitionen auf diesem Gebiet genau so in den Vordergrund rücken wie auf dem Gebiet anderer, für die Gegenwart charakteristischer Wissenschaftszweige: Vgl. T. T. Segerstedt, *Definitions in Empirical Science*, Uppsala 1957, ("II. B. Operational Definitions"); "The Nature of Social Reality," in: *Acta Sociologica* vol. 4 – fasc. 4, Kopenhagen 1960, (: darin eine Auswertung der Erkenntnistheorie des bekannten amerikanischen Naturphilosophen und Physikers Henry Margenau): "Gruppen som Kommunikationssystem," in: *Uppsala Universitets Arsskrift* 1955: 12; "Symbolmiljö, Mening och Attityd," in: *Uppsala Universitets Arsskrift* 1956: 4. Vgl. ferner: Laura Thompson, "Operational Anthropology as an emergent discipline," in: *Beiträge zur Völker- und Gesellungsforschung* (zum 80. Geburtstag von Rich. Thurnwald), Berlin 1950.

[2] Vgl. G. H. Mead: *Mind, Self, and Society*, 1934; *Philosophy of the Act*, 1938.

tischer Grösse im ausgesprochenen Wissen des Nichtwissens ist Wittgensteins Einschätzung seines eigenen philosophischen Werks. Im Vorwort der *Phil.Inv.* nennt er diese ein "Album" "philosophischer Bemerkungen". Die straffe Durchdisposition der Aphorismen seines *Tractatus* fehlt hier in der Tat. Im Vorwort zum *Tractatus* hatte Wittgenstein erklärt, die Wahrheit der von ihm mitgeteilten Gedanken erscheine ihm als "unantastbar und definitiv". Andererseits aber zeige die geleistete philosophische Arbeit, wie wenig mit ihr getan sei (S. 28). Immerhin konnte man nach dem *Tractatus* der Philosophie "die logische Klärung der Gedanken", "das Klarwerden von Sätzen" anheim geben (4.112). Ungeheuerlich vergrössert ist die Resignation, ungeheuerlich verringert die Prätention des Sprachphilosophen in den *Phil.Inv.* Diese wollen unser uns "Verfangen" in den Regeln unserer Sprachspiele "verstehen". Sie wollen es "übersehen". Das aber bedeutet gerade nicht, dass es nun ein *eigenes philosophisches* Sprachspiel geben kann. Ein solches gerade verneinen diese philosophischen Untersuchungen.[1] So bezeichnen sich denn diese Untersuchungen als "grammatische". Es wird nicht leicht zu ermitteln sein, was alles mit dem letzteren Terminus gesagt – oder nicht gesagt – werden soll. Der Abstand von allen sonst bekannten Auffassungen von Grammatik ist deutlich genug.

Als anti-sokratisch wirkt bei Wittgenstein freilich (1) die Definition der Wahrheit nach dem *Tractatus*: Ihr Gebiet sei die Gesamtheit der naturwissenschaftlichen Sätze; (2) die Definition der sprachphilosophischen Wahrheit nach den *Phil.Inv.*: "Die eigentliche Entdeckung ist die, die mich fähig macht, das Philosophieren abzubrechen, wann ich will. – Die die Philosophie zur Ruhe bringt, sodass sie nicht mehr von Fragen gepeitscht wird, die sie selbst in Frage stellen" (§ 133).

Es wird den Kommenden überantwortet bleiben, zuzusehen, ob hier Philosophie – und Sprachphilosophie – in statu evanescendi oder in statu nascendi vorliegt. –

Karl Marxens Auffassung, dass die wahre Philosophie das Ende der Philosophie sei, oder Friedrich Nietzsches Verketzerungen der Wahrheit erscheinen uns Epigonen als Konsti-

---

[1] Zu diesem Punkt ist die andersartige Auffassung der zitierten Arbeit von Paul Feyerabend zu erwähnen: S. 481 f.

tuentien ihrer *Philosophien*, die – im Guten und Bösen – das Antlitz der Gegenwart mitgeprägt haben. So dürfte auch das philosophische Salz in Ludwig Wittgensteins Philosophieren über die Unmöglichkeit oder doch Unsinnigkeit der Philosophie und der Sprache über Sprache als ein Agens oder eine Therapie weiterwirken, und vielleicht Hilfe leisten gegen die Inflation des Sprechens über Sprache. Man muss Wittgenstein *selbst* lesen, um zu begreifen (1) dass Sprachphilosophie nicht "die" Philosophie unserer Zeit ist; (2) dass der aufgekommene Begriff "Metaphilosophie" ein groteskes Missverständnis darstellt: "Es gibt nicht *eine* Methode der Philosophie, wohl aber gibt es Methoden, gleichsam verschiedene Therapien" 1 (§ 133; vgl. auch § 121).

Zusammenfassend lässt sich sagen: Wittgensteins *Tractatus* ist die grosse Warnung vor der Naivität im philosophischen Sprechen *über* die Sprache und ihr Verhältnis zur Welt. Die *Phil.Inv.* sind die grosse Warnung vor der Abmessung von Sprache mit den Maßstäben der Logik bzw. Logistik, die im *Tractatus* noch vorherrschte und die im Zug der logistischen Bewegung unserer Zeit liegt. Beide Restriktionen werden von Wittgenstein bis zur Selbstliquidierung der Sprach-*Philosophie* getrieben, in je sehr verschiedener Form freilich im *Tractatus* und in den *Phil.Inv.*: Im ersteren ist das "Schweigen", in den letzteren die "alltägliche" Sprache der Endpunkt der Selbstdestruktion. In diesen beiden markant verschiedenen, ja unvereinbaren Formen des Verzichts auf "Philosophie" der Sprache aber meldet sich unleugbar das *Philosophieren* zu Wort: – wenn anders dessen kritischer Kern das Wissen des Nichtwissens ist. Theoretisch bestreitet Wittgenstein in beiden behandelten Werken der Philosophie eine *eigene* Sprache. Praktisch aber zeigt er eine solche in seiner Meisterschaft der aphoristischen Fassung der *Aporetik*, die den heute überhandnehmenden Versuchen, mit Hilfe der Sprachphilosophie oder der Logistik doch noch bzw. doch wieder zu einem *geschlossenen* philosophischen System zu kommen, weit voraus ist. Die Aporetik – als der Sprachphilosophie letzter Schluss – ist *nicht* gleich Nominalismus, Skeptizismus (Mauthner),

---

1 Vgl. auch von J. Wisdom (dem führenden Wittgenstein-Interpreten): *Philosophy and Psycho-Analysis*, 1953.

Reduktionismus (Ogden und Richards). Die *heutige* sprach-philosophische Aporetik ist einerseits subtiler, andererseits wortwörtlicher zu verstehen, wie ein grosser Aphorismus der *Phil.Inv.* zeigt: "Ein Bild wird heraufbeschworen, das eindeutig den Sinn zu bestimmen scheint. Die wirkliche Verwendung scheint etwas Verunreinigtes der gegenüber, die das Bild uns vorzeichnet. Es geht hier wieder, wie in der Mengenlehre: Die Ausdrucksweise scheint für einen Gott zugeschnitten zu sein, der weiss, was wir nicht wissen können; er sieht die ganzen unendlichen Reihen und sieht in das Bewusstsein des Menschen hinein. Für uns freilich sind diese Ausdrucksformen quasi ein Ornat, das wir wohl anlegen, mit dem wir aber nicht viel anfangen können, da uns die reale Macht fehlt, die dieser Kleidung Sinn und Zweck geben würde. In der wirklichen Verwendung der Ausdrücke machen wir gleichsam Umwege, gehen durch Nebengassen; während wir wohl die gerade breite Strasse vor uns sehen, sie aber freilich nicht benützen können, weil sie permanent gesperrt ist" (§ 426) [1].

---

[1] Zu den wenigen, im Niveau vergleichbaren, deutschsprachigen Dokumentationen solcher Aporetik gehören die Schriften Josef Königs. In *Sein und Denken. Studien im Grenzgebiet von Logik, Ontologie und Sprachphilosophie*, 1937, werden die Termini "determinierende" und "modifizierende Prädikate" aus Husserls *Logischen Untersuchungen* (Bd. 2, 4. Unters.) fruchtbar angewandt und weiterentwickelt. "Blau, grün usf." ("Farbe, Klang, Geruch") sind determinierend. Hier sind wir auf die Sinne angewiesen. "Vernünftig, gerecht, schön, gut, gütig, edel …" sind modifizierend; das heisst: "wir *beurteilen* etwas … als …" so beschaffen. "Die Relativität der modifizierenden Prädikate ist wohl zu *unterscheiden* von einer denkbaren Relativität der determinierenden Prädikate, zum Beispiel von einer sogenannten Subjektivität der Sinnesempfindungen" (S. 5). Die Untersuchung stösst weiter vor zum "Sein-Denken." (§ 25: "Der Grundcharakter und das Grundproblem des Sein-Denkens in dem umfassenderen Sinn"). "Sein-Denken ist *in sich* Denken dessen, was wir ursprünglich schon denken; es ist in sich *Denken des Denkens*" (S. 134). Die Auseinandersetzung mit aristotelischen Untersuchungen ist noch deutlicher in J. Königs Aufsatz: "Die Natur der ästhetischen Wirkung" (*Wesen und Wirklichkeit des Menschen. Festschrift für Helmuth Plessner*, Herausgeg. von K. Ziegler, 1957). (Unterstreichungen im Vorstehenden z.T. vom Verf.). – Ein weiterer, im Grundsätzlichen die *Phil. Inv.* ergänzender Band aus Wittgensteins Nachlass: *Remarks on the Foundations of Mathematics*, Oxford 1956, kann hier nicht mitberücksichtigt werden. Es werden noch andere Nachlassveröffentlichungen Wittgensteins folgen.

BIBLIOGRAPHIE

I. PHILOSOPHIE DER NATÜTLICHEN SPRACHEN
AUF DER BASIS EINER ZEICHEN- BZW. SYMBOLLEHRE

(a) *Allgemeine Linguistik von de Saussure an*

H. Ahrens, *Sprachwissenschaft. Der Gang ihrer Entwicklung von der Antike bis zur Gegenwart*, 1955.

H. Ammann, *Die menschliche Rede*, 2 Teile, 1925/29.

L. Apostel, B. Mandelbrot u. A. Morf, *Logique, Langage et Théorie de l'Information*, 1957.

H. Arens, *Sprachwissenschaft*, 1955.

Ch. Bally, *Le langage et la vie*, 1913.

— *Linguistique générale et linguistique française*, 1932.

L. Bloomfield, *Language*, 1933.

K. Bühler, *Sprachtheorie*, 1934.

P. Chauchard, *Le langage et la pensée*, 1956.

H. Delacroix, *Le langage et la pensée*, 1930.

K. O. Erdmann, *Die Bedeutung des Wortes*, 1900.

F. N. Finck, *Die Haupttypen des Sprachbaus*, 1923.

J. R. Firth, "General Linguistics and Descriptive Grammar," *Transactions of the Philological Society*, 1951.

J. Fourquet, "Linguistique structurale et dialéctologie," in: *Fragen und Forschungen im Bereich und Umkreis der german. Philologie*, (Festschrift Th. Frings), 1956.

G. v. d. Gabelentz, *Die Sprachwissenschaft, ihre Aufgaben, Methoden und bisherigen Ergebnisse*, 1901.

A. H. Gardiner, *The Theory of Speech and Language*, 1932.

I. v. Ginneken, *Principes de linguistique psychologique*, 1907.

H. Güntert, *Grundfragen der Sprachwissenschaft*, 1925.

E. Heintel, "Sprachphilosophie," in: *Deutsche Philologie im Aufriss*, 1956.

L. Hjelmslev, *Principes de grammaire générale*, 1928.

Rich. Hönigswald, *Philosophie und Sprache*, Basel 1937.

E. Husserl, *Logische Untersuchungen*, Bd I; 1913; Bd II, 1; 1913; Bd II, 2, 1921.

G. Ipsen, *Die Sprachphilosophie der Gegenwart*, 1930.

O. Jespersen, *The Philosophy of Grammar*, 1948.

— *Die Sprache, ihre Natur, Entwicklung und Entstehung*, 1925.

F. Kainz, "Entwurf eines Systems der Sprachphilosophie," in: *Kantstudien*, 41, 1936.

— *Psychologie der Sprache*, Bd A, 1941; Bd II, 1943; Bd III, 1954; Bd IV, 1956.

L. Klages, *Die Sprache als Quell der Seelenkunde*, 1948.

P. Krausser, "Die drei fundamentalen Strukturkategorien bei Charles S. Peirce," in: *Philosophia Naturalis*, Bd VI, H. 1, 1960.

H. Lipps, *Die Verbindlichkeit der Sprache*, 1944.

A. Marty, *Untersuchungen zur Grundlegung der allgemeinen Grammatik und Sprachphilosophie*, I 1908.

— *Psyche und Sprachstruktur*, 1940.

A. Meillet, *Linguistique historique et linguistique générale*, I, 1921; II. 1938.

E. Otto, *Zur Grundlegung der Sprachwissenschaft*, 1919.

— *Wirklichkeit, Sprechen und Sprachsymbolik*, 1943.

— *Sprachwissenschaft und Philosophie*, 1949.

— *Stand und Aufgabe der allgemeinen Sprachwissenschaft*, 1954.

W. Porzig, *Das Wunder der Sprache*, 1950.

G. Révész, *Ursprung und Vorgeschichte der Sprache*, 1946.

F. d. Saussure, *Cours de linguistique générale*, 1949.

— *Grundfragen der allgemeinen Sprachwissenschaft*, 1931.

H. Steinthal u. Fr. Misteli, *Charakteristik der hauptsächlichen Typen des Sprachbaus*, 1893.

J. Stenzel, *Philosophie der Sprache*, 1934.

H. Strehle, *Vom Geheimnis der Sprache*, 1956.

J. Vendryes, *Le Langage, Introduction linguistique*, 1921.

W. v. Wartburg, *Einführung in die Problematik und Methodik der Sprachwissenschaft*, 1943.

P. Wegener, *Untersuchungen über die Grundfragen des Sprachlebens*, 1929.

H. Wein, "Les catégories et le langage," in: *Révue de Métaphysique et de morale*, Nr. 3, 1960.

— "Sprache und Wissenschaft," in: *Veröffentlichung der Jungius-Gesellschaft der Wissenschaften*, Hamburg 1960.

F. Weinhandl. *Über das aufschliessende Symbol*, 1929.

A. N. Whitehead, *Symbolism, Its Meaning and Effect*, 1927.

(b) Positivistische Bedeutungslehre ("The Meaning of Meaning")

A. J. Ayer, "Demonstration of the Impossibility of Metaphysics," in: *Mind*, Vol. 43, 1934.

— *Language, Truth, and Logic*, 1936.

V. Brøndal, *Les parties du discours*, 1928.

R. Carnap, *Philosophy and Logical Syntax*, 1935.

A. H. Gardiner, *The Theory of Speech and Language*, 1932.

H. Gomperz, *Über Sinn und Sinngebilde, Verstehen und Erklären*, 1929.

— "The Meaning of 'Meaning'," in: *Philosophy of Science*, Vol. 8, 1941.

L. E. Hahn, *A Contextualistic Theory of Perception*, 1942.

E. W. Hall, "Some Meanings of Meaning in Dewey's Experience and Nature," in: *Journal of Philosophy*, Vol. 25, 1928.

— "The Meaning of Meaning in Hollingworth's The Psychology of Thought," in: *Journal of Philosophy*, Vol. 25, 1928.

— "The Extra-Linguistic Reference of Language," in: *Mind*, Vol. 52, 1943.

H. L. Hollingworth, "Symbolic Relations in Thinking," in: *Journal of Philosophy*, Vol. 20, 1923.

M. M. Lewis, *Language in Society*, 1947.

G. H. Mead, *The Social Dynamics*, 1956.

Ch. Morris, "Foundations of the Theory of Signs," in: *International Encyclopedia of Unified Science*, Vol. 1, No. 2, 1938.

C. K. Ogden u. I. A. Richards, *The Meaning of Meaning*, 1930.

C. K. Ogden, "Opposition, a Linguistic and Psychological Analysis," in: *Psyche Miniatures*, General Series, No. 41, 1932.

I. A. Richards, *Principle of Literary Criticism*, 1928.

— *Practical Criticism*, 1935.

— *Mencius on the Mind*, 1932.

— *The Philosophy of Rhetoric*, 1936.

— *Interpretation and Teaching*, 1938.

— *How to Read a Page*, 1942.

B. Russell, *An Inquiry into Meaning and Truth*, 1940.

F. C. S. Schiller, B. Russell, u. H. H. Joachim, "The Meaning of Meaning, a Symposium," in: *Mind*, Vol. 29, 1920.

M. Schlick, *Gesammelte Aufsätze*, 1938.

Ch. L. Stevenson, "The Emotive Meaning of Ethical Terms," in: *Mind*, Vol. 46, 1937.

— *Ethics and Language*, 1944.

A. Tarski, "Der Wahrheitsbegriff in den formalisierten Sprachen," in: *Studia Philosophica*, Vol. 1, 1935.

— "Grundlegung der wissenschaftlichen Semantik," in: *Actualités scientifiques et industrielles Nr. 390. Actes du congrès international de philosophie scientifique*, 1936.

S. Ullmann, *The principles of Semantics*, 1951.

W. M. Urban, *Language and Reality; the Philosophy and the Principles of Symbolism*, 1939.

J. B. Watson, *Behaviorim*, 1924.

Lady V. Welby, *Significs and Language*, 1911.

J. Wheatley, "A Note on the emotive theory," in: *Philosophy*, Nr. 130, 1959.

(c) *Sprachzeichenlehre unter dem Einfluss Cassirers.*

J. Brun, *Les conquêtes de l'homme et la Séparation ontologique*, 1961.

E. Cassirer, *Die Begriffsform im mythischen Denken*, 1922.

— *Philosophie der symbolischen Formen*, 1923.

— "Das Symbolproblem und seine Stellung im System der Philosophie," in: *Zeitschr. für Aesthetik*, Vol. 21, 1927.

— "Die Sprache und der Aufbau der Gegenstandswelt," in: *XII. Kongr. Psychol. Bericht*, 1932.

— "Zur Logik des Symbolbegriffs," in: *Theoria*, Vol. 4, 1938.
— *Language and Reality; the Philosophy of Language and the Principles of Symbolism*, 1939.
— *Language and Myth*, 1946.
— *An Essay on MAN*, dtsche Uebersetzung: *Was ist der Mensch?* 1960.
G. Ferrero, *Les Lois psychologiques du symbolisme*, 1895.
G. Frey, "Das Residuum der natürlichen Sprache," in: *Methodos*, 1951.
P. Henle, H. M. Kallen, S. Langer, *Structure, method and meaning*, 1951.
S. Langer, *Philosophy in a new key*, 1942.
J. N. Mohanty, "Logic and ontology," in: *Journal of the Department of Letters*, Vol. II., Part I., University of Calcutta, 1895.
H. Wein, "Zur Integration der neuen Wissenschaften vom Menschen," in: *Psyche*, XIII, 4, 1959.
E. Zwirner, "Lebende Sprache," in: *Studium Generale*, Heft 1, 1962.

II. DIE WEITERENTWICKLUNG DER NEOPOSITIVISTISCHEN LEHRE VON DEN VERSCHIEDENEN ARTEN DES SPRACHSINNS IN AMERIKA

M. Adler, *How to Read a Book*, 1940.
K. Ajdukiewicz, "Sprache und Sinn," in: *Erkenntnis*, Vol. 4, 1934.
— "Das Weltbild und die Begriffsapparatur," in: *Erkenntnis*, Vol. 4, 1934.
K. Britton, "Communication; a Philosophical Study of Language," in: *International Library of Psychology, Philosophy, and Scientific Method*, 1939.
S. Buchanan, *Symbolic Distance in Relation to Analogy and Fiction*, 1932.
— *The Doctrine of Signatures*, 1938.
J. B. Carroll, *The study of language*, 1953.
— "The Analysis of Verbal Behavior," in: *Psychological Review*, Vol. 51, 1944.
J. Dewey, *Essays in Experimental Logic*, 1916.
— "Peirce's Theory of Linguistic Signs, Thought, and Meaning," in: *Journal of Philosophy*, Vol. 43, 1946.
A. H. Gardiner, *The theory of speech and language*, 1932.
G. A. de Laguna, *Speech, Its Function and Development*, 1927.
Ch. Morris, "Signs about Signs about Signs," in: *Philosophy and Phenomenological Research*, Vol. IX, Nr. 1, 1948.
Ch. S. Peirce, *Collected Papers*. Cambridge Mass: Harvard University Press, Vol. 1, 1931; Vol. 2, 1932; Vol. 4, 1933; Vol. 5, 1934; Vol. 6, 1935.
Charner Perry, "The semantics of political science," in: *The American political Review*, Nr. 2, 1950.

S. Saporta, *Psycholinguistics, A book of readings*, 1961.

T. T. Segerstedt, "Slutna och öppna arbetsgrupper," in: *Uppsala Universitets Årsskrift* 1956: 1.

— "Symbolmiljö, mening och attityd," in: *Uppsala Universitets Årsskrift* 1956: 4.

— "Definitions in Empirical Science," in: *Inbjudan*, 1957.

— "The Nature of Social Reality," in: *Acta Sociologica*, Vol. 4, fasc. 4, 1960.

H. Spang-Hanssen, "Recent Theories on the Nature of the Language Sign," in: *Trav. du Cercle Ling.* Vol. IX.

E. Ch. Tolman, *Purposive Behavior in Animals and Men*, 1932.

L. M. Thompson, "Operational Anthropology as an emergent Discipline," in: *ETC*, Nr. 2, 1951.

III. METALINGUISTIK

(a) *Metalinguistik zu der Debatte um Whorf*

J. B. Carrol, *The study of language*, 1953.

St. Chase, *The power of words*, 1954.

R. de La Grasserie, *Essai d'une sématique integrale*, 1908.

S. I. Hayakawa, *Language in Thought and Action*, 1949.

H. Hoijer, *Language in culture; conference on the interrelations of language and other aspects of culture*, 1954.

B. Karlgren, *Sound and Symbol in Chinese*, 1923.

A. Korzybski, *Science and Sanity*, 1933.

K. Kraus, *Auswahl aus dem Werk*, 1957.

I. J. Lee, *Language Habits in Human Affairs: An Introduction to General Semantics*, 1941.

G. H. Mead, *Mind, Self and Society*, 1934.

— *The Philosophy of the Act*, 1938.

Ch. E. Osgood, u. Th. A. Sebeok, "Psycholinguistics: a survey of theory and research problems," in: *Anthropology and Linguistics*, Memoir 10, 1954.

A. Rapaport, *Science and the Goals of Man*, 1950.

E. Sapir, *Language. An Introduction to the study of speech*, 1921.

— "Language," in: *Encyclopedia of the Social Sciences*, Vol. 9, 1933.

— "Symbolism," in: *Encyclopedia of the Social Sciences*, Vol. 14, 1934.

L. Spier, A. I. Hallowell, u. St. S. Newman, *Language, Culture and Personality*, 1941.

L. M. Thompson, *Culture in crisis*, 1950.

H. Wein, "Philosophie und Sprache," in: *Deutsche Universitätszeitung*, Nr. 4, 1959.

— "Aktives und passives Weltverhältnis in der Sprache," in: *Merkur*, Heft 6, 1957.

— "Ein Briefwechsel über Metalinguistik," in: *Archiv für Rechts- und Sozialphilosophie*, XLIII/2, 1957.

(b) *Die deutsche Tradition: Humboldt bis Weisgerber*

Bayerische Akademie der schönen Künste, *Die Sprache*, herausgegeb. 1959.

E. Bubser, "Sprache und Metaphysik in Whiteheads Philosophie," in: *Archiv f. Philosophie*, Bd. 10, 1960.

B. v. Freytag-Löringhoff, "Über einige Wesenszüge des Gesprächs," in: *Studium Generale*, Nr. 9, 1955.

H. Glinz, *Die innere Form des Deutschen*, 1952.

M. Heidegger, *Unterwegs zur Sprache*, 1959.

E. Heintel, "Herder und die Sprache," in: *Philos. Bibliothek*, Bd. 248, 1960.

F. Kainz, "Deutsche Sprachdeutung," in: *Von deutscher Art in Sprache und Dichtung*, I., 1941.

J. König, "Die Natur der ästhetischen Wirkung," in: *Wesen und Wirklichkeit des Menschen*, Festschr. für H. Plessner, 1957.

B. Liebrucks, "Zwei Sprachstufen," in: *Zeitschrift für Philos. Forschung*, XV/2.

H. Lipps, *Die Verbindlichkeit der Sprache*, 1958.

— *Untersuchungen zu einer hermeneutischen Logik*, 1959.

H. Marcus, *Die Fundamente der Wirklichkeit als Regulatoren der Sprache*, 1960.

E. Otto, *Sprache und Sprachbetrachtung*, 1943.

— *Grundlinien der deutschen Satzlehre*, 1943.

J. Simon, *Das Problem der Sprache bei Hegel*, Inaugural-Dissertation, 1957.

B. Snell, *Der Aufbau der Sprache*, 1952.

B. Sternegger, *Das Ich im Menschen*, 1962.

K. Togeby, *Structure immanente de la langue française*, 1951.

I. Trier, "Deutsche Bedeutungsforschung," in: *Behaghel-Festschrift*, 1934.

H. Wein, "Über die Grenzen der Sprachphilosophie," in: *Zeitschrift für Philos. Forschung*, XV/1, 1961.

L. Weisgerber, *Das Gesetz der Sprache*, 1951.

— *Vom Weltbild der deutschen Sprache*, 1950.

— *Die Muttersprache im Aufbau unserer Kultur*, 1950.

— *Die Sprache unter den Kräften des menschlichen Daseins*, 1949.

— *Von den Kräften der deutschen Sprache*, 1949/50.

— *Die geschichtliche Kraft der deutschen Sprache*, 1950.

— *Das Gesetz der Sprache als Grundlage des Sprachstudiums*, 1951.

— "Der Begriff des Wortens," in: *Cor. linguistica. Festschrift für F. Sommer*, Wiesbaden 1955, S. 248–254.

— "Das Worten der Welt als sprachliche Aufgabe der Menschheit." in: *Sprachforum*, I/1, 1955, S. 10–19.

— "Die Sprache als wirkende Kraft," in: *Studium Generale*, 4/1951.

— "Innere Sprachform als Stil sprachlicher Anverwandlung der Welt,' in: *Studium Generale*, 10/1954.

E. Wüster, "La normalisation du langage technique," in: *Rév. Doc.*, Vol. 26, 1959.

— "Die Internationale Angleichung der Fachausdrücke," in: *Elektr.-technische Zeitschrift*, Heft 16, 1959.

— "Das Worten der Welt, schaubildlich und terminologisch dargestellt; in: *Sprachforum*, Heft 3/4, 1959/60.

— "Technische Sprachnormung – Aufgaben und Stand," in: *Sprachforum*, I/1, 1955, S 51–61.

— "Die Struktur der sprachlichen Begriffswelt und ihre Darstellung in Wörterbüchern," in: *Studium Generale*, XII/10, 1959, S. 615–627.

IV. SPRACHKRITIK

(a) Mauthner-Epoche

M. Heidegger, *Platons Lehre von der Wahrheit*, 1947.

— *Sein und Zeit*, 1953.

K. Jaspers, *Von der Wahrheit*, 1947.

A. B. Johnson, *A Treatise on Language, or The Relation which Words Bear to Things*, 1836.

— *The Meaning of Words: Analysed into Words and Unverbal Things*, 1854.

A. A. Mullin, *Philosophical Comments on the Philosophies of Charles Sanders Peirce and Ludwig Wittgenstein*, 1961.

J. Schächter, *Prolegomena zu einer kritischen Grammatik*, 1935.

L. L. Whyte, "Early Semantics," in: *Philosophy*, Nr. 134, 1960.

(b) Die Wittgenstein-Epoche

P. Butchvarow, "Meaning-as-use and Meaning-as-correspondence," in: *Philosophy*, Nr. 135, 1960.

P. Feyerabend, "Wittgenstein's Philosophical Investigations," in: *The Philosophical Review*, Nr. 3, 1955.

G. Frege, "Über Sinn und Bedeutung," in: *Zeitschr. für Philosophie*, Vol. 100, 1891.

H. Hervey, "The problem of the model language-game in Wittgenstein's later philosophy," in: *Philosophy*, Nr. 138, 1961.

I. Horbby, "The double awareness in Heidegger and Wittgenstein,"in: *Inquiry*, 2, 4, 1959.

T. M. Knox, "Two Conceptions of Philosophy," in: *Philosophy*, Nr. 138, 1961.

N. Malcolm, *Ludwig Wittgenstein, A Memoir*, 1958.

H. R. G. Schwyzer, "Wittgenstein's picture-theory of language," in: *Inquiry*, 5, 1, 1962.

H. Wein, "Le monde du pensable et le langage," in: *Révue de Métaphysique et de Morale*, Nr. 1–2, 1961.

J. Wisdom, "Interpretation und Analysis," in: *Psyche Miniatures*, General Series No. 35, 1931.

L. Wittgenstein, *Tractatus Logico-Philosophicus*, 1922.

— *Philosophical Investigations*, 1953.

— *Remarks on the Foundations of Mathematics*, 1956.